史·思·悟

主编◎刘昌平 王 毅

吉林文史出版社

图书在版编目 (CIP) 数据

史·思·悟 / 刘昌平，王毅主编 .－－长春：吉林文史出版社 ,2021.1

ISBN 978-7-5472-7596-2

Ⅰ.①史… Ⅱ.①刘…②王… Ⅲ.①中学历史课－高中－教学参考资料Ⅳ.① G634.513

中国版本图书馆 CIP 数据核字 (2021) 第 016333 号

SHI　SI　WU

书　名 **史·思·悟**

主　编　刘昌平　王　毅
出版策划　陈　涌
责任编辑　高冰若
封面设计　双安文化·向加明
出版发行　吉林文史出版社
地　址　长春市福祉大路 5788 号　　邮编：130118
网　址　http://www.jlws.com.cn
印　刷　重庆市开源印务有限公司
开　本　787mm×1092mm　1/16
印　张　16.5
字　数　257 千字
版　次　2021 年 1 月第 1 版　2021 年 1 月第 1 次印刷
书　号　ISBN 978-7-5472-7596-2
定　价　58.00 元

出版说明

新一轮课程改革正在向纵深推进，以学生作为学习的主体，让学生深度参与课堂、参与教学的理念，已逐渐为广大中学历史教师所接受，中学历史教学正发生着可喜的变化。为进一步推动中学历史教学适应历史课程改革和历史教学发展的新趋势，凸显学生的学习主体地位，调动中学生学习历史的积极性，提升中学历史教学质量，重庆市八个历史课程创新基地和重庆市江北区特举办了"以史为鉴，照亮未来"为主题的历史征文比赛活动。本书收集的是经过评选以后的征文作品，这些作品具有鲜明的时代气息，显示了师生正确的唯物史观，是对师生尤其是对学生一次有意义、有价值的历史教育，对改进历史教学也具有一定的借鉴意义。

在收集和编写的过程中，我们得到了重庆市八个高中历史课程创新基地负责人和教师的大力支持，并积极报送稿件。重庆师范大学历史与社会学院常云平院长、沈双一教授，重庆市教育科学研究院龚奇柱研究员、项军研究员、李常明研究员、历史教研员黄开红研究员、余朝元研究员在编写的过程中提出了宝贵的意见与大力的支持。同时也得到重庆师范大学 2019 年教育教学改革研究项目"基于基础教育的高师历史学专业的中华传统文化课程群改革研究"课题组的指导。西南大学附属中学赵敏岩老师、重庆市实验中学何娟老师、重庆市黔江中学向艳秋老师、重庆师范大学古佳根老师、重庆市巴南中学校陈忠卿老师、重庆市梁平区红旗中学校胡男老师均参与有关工作，在此一并深表谢意。

编　者

2020 年 9 月

序 言

　　教育是国之大计、党之大计，其根本目的是要解决"培养什么人、怎样培养人、为谁培养人"的问题。中学历史学科的教育教学更肩负着极其重要的历史使命。党和国家将意识形态属性较强，涉及国家主权、安全及民族、宗教等内容的历史教材，列入国家统编教材，这进一步强化了历史学科的育人功能，凸显了历史学科的重要地位。

　　当前,初中历史统编教材已经全面推广,按《普通高中历史课程标准(2017年版，2020年修订)》统一编写的高中历史新教材,也已在全国部分省市试点和推广；学生核心素养和历史学科核心素养的培养，已成为历史课程改革和发展的趋势；凸显考查学生核心素养和学科核心素养的新高考改革正在全国稳步推进。我市广大中学历史教师，在习近平新时代中国特色社会主义思想的指导下，以贯彻全国教育大会精神和历史新课程标准要求、完成立德树人的根本任务为己任，不断深化历史教学改革，将"立德树人"融入历史教育的全过程。除了让学生深度参与课堂学习外，还开展了丰富多彩的课外学习活动，并取得了可喜的成果。由重庆市普通高中历史课程创新基地学校和江北区教师进修学院联合在中学生中举办的"以史为鉴，照亮未来"的主题征文活动，是我市丰富多彩的历史教育活动中的其中之一。

　　"以史为鉴，照亮未来"的主题征文活动，反映了历史教育的本质。党的十八大以来，习近平同志围绕历史教育，围绕学习、研究、借鉴历史，多次发表重要讲话。习近平同志的重要讲话，不仅反映了他重视学习借鉴历史经验这一治国理政的鲜明特点，也为历史研究、历史教育指明了方向。"以史为鉴，照亮未来"的主题征文活动，符合习近平同志关于学习、研究、借鉴历史一系列重要讲话的精神，反映了历史教育读史明智、知古鉴今、不忘本来、开创未来的本质。

"以史为鉴，照亮未来"的主题征文活动，进一步发挥了历史课程的育人功能。在这次征文活动中，同学们围绕主题，以自己熟知的重大历史事件、重要历史人物或重要的历史文物为论题；根据自己收集整理的相关史实、资料为论据，对提出的论点进行有说服力的论证；在此基础上联系实际，得出自己的感悟和历史的启示。它鲜明地体现了史论结合、历史与现实结合的特点。同学们通过对历史中包含的"对国家、社会、民族及个人成与败、兴与衰、安与危、正与邪、荣与辱、义与利、廉与贪的思考"，提高了对是与非、善于恶、美与丑的识别能力，有利于坚定理想信念、厚植爱国情怀和加强品德修养，有利于形成健全的人格和健康的个性品质。

　　"以史为鉴，照亮未来"的主题征文活动，是对多种历史教学途径、多种学习评价方法、多渠道开发历史课程资源的积极探索。包括以学生撰写历史小论文等为内容的"历史习作"，是历史课程标准要求的对学生进行学习评价的重要方法，有利于考查学生收集处理信息的能力、语言文字表达能力和历史思维能力，特别是考查学生基于史实、基于价值的批判性思维能力。学生撰写的历史小论文及正式出版的《史·思·悟》文集，还将成为重要的历史课程资源。

　　我仅就这次在学生中开展的征文活动的重要意义谈了以上几点看法，不妥之处恳望得到大家的指正。感谢本书主编和撰写历史小论文的同学及指导教师，感谢你们的辛勤付出，感谢你们为我提供的这一次宝贵的学习机会。

龚奇柱

2020 年 10 月

目　录

逐步发展　推陈出彩

——以史为鉴 照亮未来

重庆市字水中学高 2021 级 2 班◎李馨怡　　指导教师◎吴晓玲

　　纵观中华民族从古代到近代再到现代取得的成就和经历的浩劫，我感悟到只有逐步发展，才能推陈出彩。

　　思想文化逐步完善，地位巩固。儒家文化在春秋末年经孔子创建形成；在战国时期与诸子百家争鸣，儒家文化经过孟子和荀子的补充得到发展；但在秦始皇"焚书坑儒"后一度衰败；汉武帝时期，儒家文化经董仲舒之手，达到了"罢黜百家，独尊儒术"的地位；魏晋以来，佛家和道家文化传播迅速，使儒家正统地位受到挑战；宋代，程颢、程颐、朱熹、陆九渊用自己的方式改革传统儒家文化，使儒学达到一个新高度。思想文化是一个不断演进的过程，我们如今发展中国特色社会主义文化也应遵循规律，坚持逐步完善，不断丰富内容，才能使中国特色社会主义文化永葆青春活力。

　　政治体制逐步演变，寻求出路。第二次鸦片战争使部分清朝官员觉醒，开展洋务运动，希望通过学习西方技术来稳定封建政府的统治，最终失败；19 世纪 90 年代，先进的知识分子已意识到必须学习西方政治制度，于是兴起"维新变法"，但因封建势力打压而以失败告终；20 世纪初，由孙中山领导的"辛亥革命"爆发，推翻了封建专制，建立了资产阶级政权；1949 年，中华人民共和国成立，中华民族终于站了起来。政治体制从意识到问题后开始演变，演变的每一步都少不了，前者的失败鼓舞后者的发展，为后者排除不适宜的道路，最终寻求到中华民族的出路。

经济制度逐步实践，探索方法。1953 年，"一五计划"的开展使我国重工业得到迅速发展；1978 年，十一届三中全会确立了改革开放的基本国策，对内改革先在安徽、四川试点，再在全国农村实行改革，对外开放也由经济特区开始由点到线再到面，至 20 世纪 90 年代形成一个全方位、宽领域、多层次的经济开放格局。我们现在推行新的经济政策时，也应先在小部分地区试点，观察情况，发现问题，及时调整，才能缩小危害损失，更大程度保证经济建设安全、稳定、科学的开展。

研究历史为了什么，习总书记说"以史鉴今，资政育人"。逐步发展，推陈出彩是漫长历史中的一则规律，这则规律将指导我们建设中国更美丽的明天。

以历史之明鉴　创时代之辉煌

重庆市字水中学高 2021 级 14 班◎陈思怡　　指导教师◎姚晓燕

历史是一杯醇厚的酒，散发出人类无止境的智慧；历史是一支悠扬的歌，吟唱出人类古老的文明；历史是一面明亮的镜，反射出人类的种种行为与模样。历史需要我们铭记，需要我们学习，需要我们反思，只有这样，我们才能以史为鉴，规避错误，照亮未来！

以史为鉴，可以知正路。司马光曾经说过"人之患，在于不读史。"而我认为国之患，更在于不读史。历史犹如点点繁星，照亮黑夜。回首古代，唐太宗李世民吸取了隋唐短命的教训，为盛唐奠定坚实基础；毛泽东对苏联的经验进行反思，制订了正确的方针计划；望向现在，习近平在前人的基础上创新发展，提出了习近平新时代中国特色社会主义思想。正是因为我们谨记历史的教训，我们才能够以更坚定的步伐、更昂扬的姿态面向可期的未来。

以史为鉴，可以促经济。古人云"财者，为国之命而万事之本。国之所以存亡，事之所以成败，常必由之。"想要经济之发展，国家之富强，人民之安康，我们就得以史为鉴，通规律，促发展。至今为止经济危机发生多次，1929 年，西方资本主义大国施行贸易封锁政策，使经济危机持续时间更长，危害更大，甚至让几个国家走上了法西斯道路，从而威胁世界安全，而如今各国家积极参与世界市场，共同发展经济，一定程度上避免了世界范围内的大战。正是因为我们反思历史上的过错，我们才可以不断强大自己，发展自己。

以史为鉴，可以护绿意。卡伦·布里克森在她的小说中写道："我们战胜了一切却站在墓群中间。"的确，我们的钢筋水泥堆砌在一片片消失的森林上，一条条肮脏的河流边，一个个生灵绝望的号叫中。我们曾为了发展农业而围湖造田；为了工业进程而排放化合物；为了争夺科威特而倾泻石油……而现在"绿水青山就是金山银山""可持续发展"观念的提出，对加强环境整治，生态修复工作具有积极的领导作用。我们在反思中前行，在前行中不断反思，与地球母亲和睦相处。

　　路漫漫其修远兮，吾将上下而求索。新时代的画卷徐徐铺开，我们当以史为鉴，共创新辉煌！

初心未改　山河永在

重庆市字水中学高 2021 级 14 班◎陈　卓　　指导教师◎姚晓燕

南湖的红船波光，是我心头的一点朱砂；天安门的轰雷炮响，是我骨子里不变的骄傲，这是百年的峥嵘岁月，这是 70 年的远大征程。十年饮冰，难凉热血；百年回首，初心依旧。

1842 农历壬寅年的一纸条约落笔了近代中国半殖民地半封建社会的猩红历史。企图固守旧业的抵抗派被淹没了；"师夷之技"却只停留在器物之上的洋务派失败了；高举变法图存的维新派也惨败了。随着民族资本主义发展，资产阶级革命派登上舞台，辛亥年掀翻封建王朝，于神州大地宣告"三民主义"。然好景不长，软弱终被军阀利用，中国再次滑向深渊。

人们不禁叩问苍天：究竟要何党派才能拯救濒死的国？

就在这时，在新文化运动和五四浪潮吹来马克思主义的新风之中，中国共产党诞生了！它对革命谨慎而决绝，它对人民珍视而关怀。党先后在国民革命、抗日救亡和解放战争中领导人民一路走向光明与希望。1949 年红旗招展吹响号角，中国站起来了，中国人民站起来了！

党之领导，于屈辱之潭解放中国，在发展道路中强国定邦。

党曾用短短三年完成土地改革，恢复整顿满目疮痍的中国；也曾用炽热加速实现"一五计划"，奠定了实现社会主义工业化的初步基础。钢与铁的碰撞中却也让这个新生儿几次跌倒，然而共产党却同新中国一起在探索中曲折前行。1978 年改革开放，解放思想，开辟了一条前所未有的中国特色社会主义道路。随着农村到城市经济体制的改革，随着对外开放的大门逐渐打开，神奇的变化产生了——农民富了起来，城市繁荣了起来，社会主义市场经济体制基本建立。

　　站在2020回首近代沧桑，百年弹指一挥间。辛酉年的南湖红船拉起桅杆激荡红色岁月，十九大领航"中国人民伟大梦想航船"逐梦崭新时代。党的这座船舵，从百年前都一直坚定不移地掌握着，或许曾在浓雾中迷失方向，但有撞冰捣浪的韧劲儿，也有以往鉴来的智慧。在党的领导下，中国终结了衰落，开辟了自己的道路，走向了富强。

　　试问何为中华民族伟大复兴之路？且随中国共产党领导之康庄大道。

　　不忘初心，牢记使命。初心未改，山河永在。

以古为镜

重庆市字水中学高 2022 级 14 班◎刘一涛　　指导教师◎姚晓燕

唐太宗李世民曾经说过："以铜为镜，可以正衣冠；以人为镜，可以明得失；以古为镜，可以知兴替。"其中，以历史为镜子来看清社会兴衰更替，很好理解却难做到。

对于我们来说，要做的就是学习历史。首先，我们要清楚历史的含义，它包括了人与社会与自然的关系：涵盖政治，经济，文化，民族，国际关系等。它是一门令人反思的学科，以前人为鉴，避免重蹈覆辙。

我们学习历史，是为了了解自己，了解自己的祖国，了解这块土地上曾经发生过的事。中国历史长河的上端是秦汉，高度集中的政治体制奠定了中国古代政治制度的基础，形成了农耕经济的典型特点，经历了思想上从百家争鸣到独尊儒术的转变，这段时期，对整个中国古代文明起到了奠基的作用；从魏晋南北朝到宋元时期，是中国古代文明的成熟阶段，中央集权进一步完善，对外贸易空前繁荣，文化也获得极大发展；明清，封建制度走向衰落，出现资本主义萌芽，且随着经济发展，反对封建束缚的呼声越来越高，这是中国古代文明走向衰落并逐渐走向近代文明转型时期。后来就是近代中国的觉醒与探索，到中华人民共和国成立，改革开放，直到今天，每个时期都有不同的特点，都是我们经历过的"旧事"，民族的根源。

那了解这些有用吗？当然，我们需要历史这面镜子，照一照我们这些人，照一照我们这个时代。我们不能仅仅去看，还要学会从中挖掘可以为我们所用的精华，它往往指引着我们该做什么，提醒着我们不做又有什么样的后果。这就需要我们抛弃对历史的盲目跟随，找到适合当下的路。

我们应当庆幸自己生活在一个历史源远流长，文化发达的国家，我们的先辈们给后人留下了丰富的史料，给我们参考。这些历史遗产让我们取之不尽，用之不竭，只有正确认识中国的现在和过去，我们才能更好地为国家的强盛，民族的复兴做出努力。

历史的余温

重庆市字水中学高 2021 级 14 班◎牛思人　　指导教师◎姚晓燕

历史是一个有分量的词汇，从小处说它是每一个人的过去，从大处而言，它是整个人类成长的足迹。回顾过去，是漫漫几千年婆娑的时光，展望未来，仍旧是一片挑战与机遇。很幸运的是，我们生活在当下，生活在这个创造历史的时代里。并非所有的人，都有机会去创造历史，更多的人只是被迫生活在这样的时代里。他们的身边充斥着危险，流血，饥饿乃至死亡。是的，这个时代，它并不那么和平。

战争与和平是这个时代同时出现的一组词。很奇怪，这对反义词无时无刻不在围绕着我们，他们相安无事地主宰着一部分的世界。显然，我们更愿意生活在和平的世界里。战争是可怕的，它带来的是家庭的离别；是社会的混乱；是国家的分崩离析。从人类诞生之际起，它就如影随形，在这个世界上，战争随时都在发生。从古代的王朝之争，领土之争，到现在为了国家利益而兵戎相见，无数国家都经历着或经历过血与泪的灰暗历史。

战争带给我们的是什么？是眼泪，是伤痛，是大地上一块又一块的伤疤，是民族间永远也不会消除的隔阂。19 世纪末 20 世纪初，世界被基本瓜分完毕。资本主义国家间政治经济不平衡，为重新瓜分世界，争夺世界霸权，一场酝酿已久的世界大战，终于在巴尔干半岛的一声爆炸中拉开了序幕。德奥成同盟国，与英、法、俄组成的协约国展开了长达四年的战争。1918 年 11 月 11 日，"一战"以德国投降而告终，协约国取得了胜利。但这是一场真正的胜利吗？这场战争是欧洲历史上破坏性最强的战争之一。大约有 6500 万人参战，1000 万人丧生，2000 万人受伤，造成了严重的经济损失。战争造成了欧洲的衰弱，激化了各国之间的矛盾，取而代之的是凡尔赛华盛顿体系，世界格局被彻底改变。但失败，并没有熄灭邪恶的火焰。在英法主宰的欧洲，新的世界大战一触即发。

"二战"的爆发，始料未及，却又是命中注定。人类终究逃不过战火的威胁，再一次陷入自相残杀的泥潭。1939年，德国突袭波兰，英法对德宣战……难以想象的残酷事实就那么血淋淋地摆在面前，让人心痛。生活在那个年代的人们，需要多大的勇气去面对妻离子散，家破人亡？

我们不要战争，我们呼唤和平。我们——作为这个时代的主人，有责任与义务为我们的子子孙孙撑起一把保护伞。要知道，铭记历史不是为了记住仇恨，而是为了让历史不再重演。黑格尔说："历史是一堆灰烬，而灰烬深处有余温。"历史的辉煌会随着时间的流逝埋没于时间的长河里，而伤痛不会，它会永远伴随着我们，时刻提醒着我们。如果历史是过去，过去一定有我们所需要的养分，就让这养分滋润我们干涸的心田吧。历史的灰烬散去，它留下了它的余温。

以史为鉴　照亮国家未来

重庆市字水中学高 2021 级 14 班◎唐筱熙　　指导教师◎姚晓燕

"老天大树，必有其根，涓涓流水，必有其源。"历史是人类世世代代生生不息的总和，透过历史的瞳孔，看见当下，照亮未来。

以古为镜，可以知兴替。历史是一面镜子，是一面照尽世界无数人的人生、无数国家的兴衰更替的镜子。纵观历史，我国历史上出现了多达五十多个王朝，有的雄踞一方甚至一统江山，有的却只能苟且偷安。鬼谷子说过"反以知古，复以知今。"借鉴历史可以知道一个国家的兴，一个国家的亡。公元前 230 年到公元前 221 年，秦国用了近十年的时间，相继灭掉了其他六个国家，结束了春秋以来长达五百余年的诸侯割据纷争的战争局面，建立了中国历史上第一个统一的中央集权封建国家。而这样一个强大的国家，却只在历史上存在了短短十五年。从历史我们可以知道秦朝因强大而统一六国，却因苛政引起农民起义再加上统治者的残暴不仁，秦朝内部统治混乱，而最终走向灭亡。从秦朝的历史中，我们可以知道一个国家的兴盛衰亡，从而以古为镜知兴替，为现代中国的发展提供借鉴作用，为现代中国的未来照亮前进的道路。

以史为鉴，可以谋发展。回顾历史，唐宋时期，我们曾是世界的中心，我们的盛名远扬海外，我们的国土繁荣昌盛；可不过短短百年间，到了明清时期，我们却"海禁""闭关锁国"进而与世界脱节，落后于西方其他国家。16 世纪新航路开辟以后，西欧各国快速发展，相继进行了资产阶级革命，大力发展生产力，为促进技术的发展，开展了第一次工业革命，第二次工业革命，促进国家工业化，城市化，大力发展生产技术，促进经济发展。

与此同时的中国，却故步自封，一再加强君主专制制度，使中国远远落后于西方世界。直到 1840 年，英国的一声炮响，才再次打开了中国的国门，使中国与世界连接起来。《史记》中说："居今之世，志古之道，所以自镜也。"以史为鉴，我们知道一个国家的繁荣，离不开发展；一个民族的强盛，离不开创新。以史为鉴，可以谋发展。基于历史，我们知道了发展的重要性，从而以史为鉴，促进我国的发展。

以史为鉴，照亮未来。历史是经验，更是由无数的人生、无数的国家在岁月的变迁、时代的演进中沉积凝结而成的"煤"，是前人留给我们的宝贵财富，我们可以借鉴于过去，照亮未来。

心中有火　眼里有光

重庆市字水中学高 2021 级 14 班◎汪书涵　　指导教师◎姚晓燕

一个民族已经起来。

你载着五千年的风韵与历史，从远古向我走来。

最初的时候，你艰难而又执着地一步步教会人们生存之道，用自己的力量带给人世间希望，带来火与光。正是这点火光，点燃了你的灵魂。

一路上，你见证过许多，一次次你方唱罢我登场的王朝更迭已是常态。华夏天地之间风云变幻莫测，而你只平静地看着，看他们逐鹿中原，成王败寇，看他们雄心壮志，一鸣惊人，看刀枪铁戟粉碎笔墨纸砚，精兵强将诞于战乱之间。你看着这一切。

直到辛丑年。

那一年，冰冷的炮舰再次轰开大门，将一池死水搅得天翻地覆，烧杀抢掠一场接着一场，昏庸无能的统治者无力控制局面，只能任由鲜血洒上宫墙，看着八国联军从午门长驱直入，肆意毁灭着连皇家都珍藏着的瑰宝。你置身于水火之中，被无穷无尽地榨干、煎熬。

那处处都明显针对你的一沓沓条约被侵略者摔在你面前，甚至都不屑于掩饰恶意就在你身上留下一道道伤痕，我看到了你手上被强行戴上的镣铐，看到了你那黯淡无光的脸上失去往日神采的双眼——那数千年的刀光剑影里依旧粲粲如星火的眼眸，如今却颜色尽失。一次次的妥协换来的是下一次更加丧权辱国的无理条件。于是你成了一个病人，内里开始腐朽，外表遭受鞭挞。这是至今都留在中华儿女心中一道深可见骨的伤口。

但你振作起来了，抗日的十四年里，在长征路上不断倒下的战士的身影后，在卢沟桥震耳欲聋的炮火声中，在"七三一"实验基地同胞凄厉的惨叫声的包围下，在金陵三十万无辜人民殷红的鲜血里，你由原本的孱弱无力，逐渐变得坚强。你强撑着站起来了，时隔近百年后，用再次挺起的笔直的脊梁，眼中重燃起坚毅的光芒，向世界宣告你的成功。

1949年，耀眼的阳光下，五星红旗缓缓上升，鲜活的红色神圣而庄严，天安门城墙之下，成千上万的人，来自不同的地方，有着不同的面庞，眼眶中的热泪象征着那一刻的喜悦，欢呼声响彻云霄。在近一个世纪的国破家亡，生离死别，颠沛流离之后，在百年前被侵略者强行攻破的紫禁城的城墙上，你翻开了新的一页，并坚信自己能够在原本空白的纸上留下浓墨重彩的印记。

你果真没有令人失望，正如毛主席所说："雄关漫道真如铁，而今迈步从头越。"你让世人明白，你身居燕雀之群，但仍心怀鸿鹄之志。1978年实行改革开放，自此之后，你以极快的速度，散发出了令世界无限惊艳的夺目光彩。这只是一个开始，随后，紫荆与莲花在香港、澳门先后绽放，被迫与心爱的祖国分离百年后，港澳人民回到了熟悉的祖国的怀抱。这是先辈们历尽千山万水，拼尽全力为同胞们博得的最好的归处。

如今是2020年，中华人民共和国诞生的第71年，这71年里，你创造了无数奇迹。用了几十年飞快地跑完了别人百年才能跑完的路，让别人见证了万丈高楼平地起，昔日破败的小渔村如今万家灯火通明……山川锦绣苍茫，人民幸福安康。

你还在不断地前进着，2020年已然过半，这短短的半年中，十四亿中华儿女在严峻疫情的挑战面前又一次向世人证明了，何为中华之希望，何为中华之脊梁！你迈着稳健的步伐，走在社会主义的阳光大道上，无论你走至何处，都有中华儿女正值风华盛茂，继承故国薪火，与你一同，发光发热。

凡是过去　皆为序章

重庆市字水中学高 2021 级 14 班◎姚　希　　指导教师◎姚晓燕

历史的车轮碾过，曾经灿烂的国度黯淡，曾经强盛的国度陨落，曾经落后的国家崛起……历史如烟波浩渺无从追踪，未来如浩瀚星辰遥不可及。

穿梭时间隧道，站在十九世纪中国广袤的土地上，为什么繁荣昌盛的民族在一夕之间被坚船利炮下打得遍体鳞伤？为什么啸傲群雄的国度一瞬间被沦为资本主义市场的附庸？由于海禁，闭关锁国政策和落后的封建制度与生产力，中国缺席了两次工业革命，逐渐，中国跟不上时代的步伐了，被远远地甩在了其他国家的身后。当外国工人使用着机器轰隆隆地工作时，中国的农民在牵牛耕作；当外国科学家们发明火药炮弹时，中国的老百姓们正在欣赏烟花绚烂……我泱泱中华，第一次在外国的炮舰下低下了其高傲的头颅，曾经的东方雄狮沉睡了。

但中国人并未在此打击下一蹶不振，他们向西方学习，以史为鉴，开启了漫长的救亡图存的道路：林则徐开眼看世界；梁启超康有为变法图存；孙中山以其数十年必死之生命，立国家亿万年不死之根基。鲁迅说过："我们自古以来，就有埋头苦干的人，有拼命硬干的人，有为民请命的人，有舍身求法的人……"历史掩不住他们的光耀，困难阻止不了他们前进的脚步，这就是中国的脊梁。

当今这个飞速发展的时代，每天都在日新月异地变幻着，大千世界无奇不有，委曲求全的时代已经过去，但未来又该如何铸就？新时代下，1949年中华人民共和国成立以来的初步发展到之后的曲折前进，1978 年改革开放以来，中国从未停下发展的脚步，从站起来到富起来，其中有挫折，有拼搏，有欢笑，有泪水……是一代代建设者们奋斗孕育的成果。2020年我们仍怀着铭记历史，缅怀先烈，珍惜和平，开创未来的使命和口号，锐意进取，砥砺前行。

"历史的启迪和教训，是人类共同的财富。"正如鲁迅寄语给后辈的那样，能做事的做事，能发声的发声，有一分热，发一分光。后浪们应以史为鉴，点炬成阳，不断书写未来华章。

历史选择了你

重庆市字水中学高 2021 级 14 班◎张 杰　　指导教师◎姚晓燕

> 当古埃及的灿烂文明已在沙漠中逐渐干涸，当古巴比伦的辉煌已在战火的尘埃中淹没，而古老的东方依然有一条腾飞的巨龙。
>
> ——题记

问悠悠五千载，中国何以生生不息？历史的片段中透露出了真正的答案。汨罗江上，屈原仰天长啸"壮士一去兮不复还"，一曲天问彻云间；零丁洋上，文天祥只一句"人生自古谁无死，留取丹心照汗青"，抒爱国深沉；笔尖战士鲁迅，一言"我以我血荐轩辕"，竞洒豪情。自古以来，我们就有埋头苦干的人，为民请命的人，拼命硬干的人，舍身求法的人，他们以自己的力量筑起了中华民族之脊梁，造就了一段坚韧的历史，一个不倒的民族。试问，历史怎能不选择一个这样团结统一、自强不息的民族？

当然，历史之所以辉煌是因为黑暗的衬托，中华民族的道路并非一帆风顺。封建统治的无能，国家的落后，外国的侵略，给那百年蒙上沧桑。一个个不平等的条约，一步步沦为半殖民地半封建社会，差点也让中国成为断壁残垣。然而，中国人民也在不断地寻求光明，梁启超等人的戊戌变法，孙中山领导的辛亥革命，虽以失败告终，但终究是从黑暗中掘出一道曙光。幸运的是，中国人民"钢刀一样，越磨越亮"的精神创造了堪称绝响的奇迹，历史不会让这样一个伟大的民族陨落。因此，它选择了中国共产党，选择了社会主义道路。

如今，中国用一如既往的精神和波澜壮阔的创造实践能力谱写着当代顽强奋进的壮丽史诗。这片曾被帝国主义烧杀劫掠过的土地，如今在不断喷涌出生机和绿意。当紫荆花、莲花喜迎春风归家，只是历史选择了"一国两制"。当人们收入不断提高，过上殷实的小康生活，只是历史选择了邓小平，选择了改革开放。当奥运圣火在鸟巢上方被点燃，向世界展现了中国，这是历史选择了中华民族的伟大复兴。

岁月蹉跎，我们终于能将自己的命运掌握，用速度，用实力，用勤劳，用智慧，在中国共产党的引领下，进行又一次更加辉煌的开拓。

我的中国，历史选择了你，可以肯定的是，它的选择没有错。

史 镜

重庆市字水中学高 2021 级 14 班◎郑蕊佳　　指导教师◎姚晓燕

历史，总是在无声地流逝着，它不说话，也不轻易凝视，若是要打败一个人也不过是一次回眸罢了。

我走过的山路是徐霞客曾经留宿过的，我走过的关隘是六国逡巡而不敢前的，我驻足远眺的城楼是于谦曾经守卫过的，我现在能驰骋由缰的西北草原是霍去病为之奋战过的，我还能吃当年苏轼手不停箸的红烧肉，我还能饮到当年太白举杯邀月的花间美酒，我还能在众多浩劫后读到前人的筋骨血肉，我还能在大喜大悲后脱口而出地背出一句他们曾经用来形容自己的爱恨情仇，中华五千年的文化，中华五千年的历史，有太多的落叶等着我去捡拾，有太多的尘埃等着我去拂去，在历史的幻化里，每一分，每一秒都是一朵花，而它们的聚集才使现在的世界变得万紫千红。

可是，历史绝不仅仅是留给过去的风景，更应是一枚铜镜，照得你我的得失。

《旧唐书》中记载唐太宗李世民曾悼念魏徵时说道："以铜为镜，可以正衣冠；以史为镜，可以知兴替；以人为镜，可以明得失。"历史在任何一个时间节点上都是考察得失的工具，明白正误的利器。同时，历史绝不仅仅是作为一枚"铜镜"那么简单，它更能作为一枚"望远镜"。

未来是什么样子，作为人，作为一个普通人恐怕很难回答这个问题。但如果我们站在过去的时间节点上，在它们的背后总能找到另外一个时间节点与之呼应，若是在后面的那个时间节点来眺望未来，那么，这也算是预测未来了吧。今人爱说"历史总是惊人的相似"我觉得这不是没有道理，因为历史就是这样，记录着过去的东西，给我们的总是未来的启示。

当今社会上，有一个电视栏目叫作《平语近人》是记录习近平总书记在一些重要场合讲话、文章、谈话中所引用的古代典籍和经典名句例如"治国有常民为本""国无德不兴"等等。总书记的这些治理国家的心得无不来源于中国当今的国情和我们优秀的传统文化，来源于那流淌了五千年而不断的中华文化。以史为鉴，照亮未来，我们能从历史中学到的不仅仅是古代圣人的智慧更应该是经世致用的才能和爱国如家的格局。

诚如古人所说，我们应该看见历史，感悟历史，更重要的是利用历史。如赵鑫珊学者所说："历史是一面镜子，它照亮现实，也照亮未来。"对于新时代的我们来说更应该了解历史、利用历史，让历史不再陈旧，让它们在新征程里熠熠生辉！

青春担当　不问西东

重庆市字水中学高三14班◎朱　瑜　　指导教师◎姚晓燕

"誓死力争，还我青岛""收回山东权利""外争主权，内除国贼""胶州危矣，山东亡矣，国将不国"！一声声铿锵激昂的口号回响在天安门广场的上空，五星红旗还始终猎猎翻飞于我中华之上空。

看啊，那是我中华之青年在保卫山东，捍卫国权的身影；听啊，那是我中华之青年愤然而起，据理力争的愤慨。

"一战"结束后召开的巴黎和会，曾使中国人对它抱着极大的期待，认为这是"公理战胜强权"的体现。他们甚至还用许多美好的语言把自己装点起来。美国总统威尔逊提出貌似公正的"十四点原则"，更使许多人极为兴奋。但无情的事实是：西方列强"十人会议"秘密商定将德国在山东强占的权益转交给日本，而且不容讨论。西方列强口头上的漂亮承诺，到头来竟全是骗人的假话。

不必再为欧战胜利而欢呼了，巴黎的电报已为山东奏响丧钟；不必再为威尔逊的"和平计划"而感激了，如今他正带着丑陋的面具，宰割着战利品哩！

当巴黎和会外交失败的消息传回国内，国人顿感天地变色，风云激荡，胸中沉积已久的愤怒霎时像火山那样爆发了。

1919年5月4日，北京大学等校学生三千余人在天安门集合，他们的文言宣言写道："山东亡，是中国亡矣！我同胞处此大地，有此山河，岂能目睹此强暴之欺凌我，压迫我，奴隶我，牛马我，而不作万死一生之呼救乎！"这般救国图存的决然令无数沿街路人潸然泪下。第二天，北京大专院校的学生全体罢课。5月7日，上海学生和各界人士两万多人集会抗议。6月5日，上海日资棉纱厂工人带头，许多行业工人店员罢工、商人罢市。紧接着，全国各地纷纷罢课、罢工、罢市，这些举动将爱国救亡运动推向高潮。

像五四运动这样席卷全国、具有如此规模和声势的爱国群众运动，在中国历史上不曾有过。这是一场广大群众参加的爱国救亡运动。拿它同甲午战争失败时康有为等一批举人"公车上书"请求代奏的温和态度对比，就会发现虽然时间相隔只有二十来年，但中国的社会状况和民众觉悟程度已经发生了巨大的变化！它也使许多原来因辛亥革命的结局而陷于极度苦闷中的中国先进分子看到在人民群众中竟蕴藏着如此排山倒海的巨大力量，看到了中国复兴的希望所在。这是真正激动人心的一页，这是真正伟大的历史转折点。

时光流逝，岁月变迁。一场轰轰烈烈的五四运动已然成为历史，被收藏在浩瀚的历史长河中。每每重温这段百年前激情燃烧的岁月，我们都能从中汲取前行的力量，前进的步伐因而更加坚定。五四运动所体现的百折不挠、自强不息的民族精神和救亡图存、振兴中华的爱国主义精神永不过时。

"青年兴则国兴，青年强则国强，青年一代有理想、有本领、有担当，国家就有前途，民族就有希望"。青春正风华正茂，青春之担当，是社会的需要，也是个人人生价值的美好体现。不惧，本是青春模样；不退，彰显青年担当。

梦想泡沫下的世界，并不是蔷薇色的。一代代青年的责任，是从时代中获益，并改造出一个更好的世界来。

聚历史之薪　燃未来之光

重庆市字水中学高 2021 级 3 班◎谭雪楠　　指导教师◎姚晓燕

一朝春风，花开十里，秋风绻眠，化作春泥。"人生寄一世，奄忽若飙尘。"纵人生短暂，世间万物也因之千变万化，而华表却伫立千年不倒，文明却能在生命的传承中获得生生不息的永恒，未来亦在历史的薪火中发出骄阳似火的光芒!

李世民曾言："以史为鉴，可知兴替。"历史是一面镜子，是从古至今人类所有实践的道路，包含了成功与失败，经验与教训。

以史之石,磨时代之刃。一把刀囖嚯打打,风雨侵蚀。若没有一块磨刀石,终究会被铁锈吞掉,消磨殆尽。古时，中国一直以自然经济为主,自给自足的小农经济带来的舒适生活麻痹了百姓，麻痹了统治者，使其沉迷于"天朝上国"的自我妄想。直至列强的炮火轰开国门，抢夺土地，屠杀百姓……留着血泪的中国人民终于从麻痹生活中痛醒;无知的统治者终于被一声炮响惊起;被遗弃了几千年的磨刀石，终于被拾起。先有洋务派的睁眼看世界，接着革命派高举民主之火，进而改革开放，经济体制改革，发展科学……中国从被剥削压迫的半殖民地半封建社会，从被任人宰割的没落农业国，一步步提升综合国力，全方位发展经济实力，最终迈向国际舞台，成为群星中的闪耀! 在这一百多年，中国如何从万丈深渊到世界之林? 那必离不开以史为鉴，自强不息，艰苦奋斗。

历史经验不仅可以兴经济，还可以兴政治。

用史之桨，扬未来之帆。如果说，时间是无尽头的长河，世界各国则是一叶扁舟。没有船桨，何以前行? 回顾历史，历经多少个朝代更替。如令人惋惜的大唐陨落，金破大宋……有人说"盛极必衰，时代趋势。"其实不然，亡国必有亡国之由，没有哪个朝代仅通过安于现状就能保持永续不衰；贤明与否决定着国运或安昌或危亡，明知不愿走向危亡却不采取可以安昌的方法，这无异于缘木求鱼。恶素在不为人知的地方滋生暗长，终于腐蚀了根基，王朝就此分崩离析，轰然倒塌。众人所周知，一个国家繁荣富强，必定离不开政治因素。政治能保证国家社会秩序稳定与安全的支柱，为经济繁荣发展起着导向作用。古时，"重农抑商"政策扼杀了多少经济发展萌芽？使中国落后世界发展潮流多少年？人们无不为历史感到惋惜"如果没有实施'海禁'，中国将会进步50年！""如果没有'文革'，中国早已到达全面小康。""如果没有……"世上没有"如果"，时间也不会因抱怨而倒流。某位哲学家曾道："历史不会被遗忘更不会被改写，但是可以续写新篇章。"面对过去犯下的错误，应当以史为鉴，着眼当下，展望未来。今天，中国着力强调"前车之复轨，后车之明鉴。"以史为鉴。深刻反思历史，从前人中汲取经验教训，结合当代时代发展趋势因地制宜的发展，不断推陈出新，革故鼎新，走伟大复兴之路！在近几十年中，中国领导人一直坚持以史为鉴，深具忧患意识。先有，毛泽东走社会主义道路；进而，邓小平发展社会主义；再者，当今习近平总书记进一步发展中国特色社会主义。大力发展科技、科教兴国人才强国战略，以人民为中心、提出"一带一路"倡议、中国特色社会主义、社会主义核心价值观等强国战略皆是在历史之桨与时代号角上为中国之帆吹起一股强劲之风，吹展开五星红旗！

我们瞻仰过去是为了可以更加踏实地驻足今日，以史为鉴更是为了可以更加高远地展望未来。让我们共同紧随习总书记的脚步，以历史之薪火燃未来之光辉！

心怀使命　照亮未来

重庆市字水中学高 2021 级 2 班◎王泽安　指导教师◎吴晓玲

有的人只有一条命，叫生命；有的人却有两条命，生命与使命。

有的人生时生如鸿毛，死时死若虫蚁；有的人生前名扬四海，死后青史留名。

有的人一生只为自己，有己无人；有的人情系天下，心念苍生。

既然如此，我辈身为新一代青年，不应以史为镜，照出自己的"第二条命"吗？

"北定中原，庶竭驽钝，攘除奸凶，兴复汉室，还于旧都。"五丈原前，中军帐中，卧龙先生浑浊的瞳中仍闪烁着光。这临危受命的铮铮誓言，是诸葛孔明的使命。

"伏尸二人，流血五步，天下缟素。"面对暴怒的秦王，唐雎挺身，拔剑。那吴钩上的寒芒，照亮了唐雎的脸，也照破了秦王的胆。这捍卫国土的男儿血性，是唐雎的使命。

"臣头今与璧俱碎于柱矣"夕日的阳光落在蔺相如的肩上，拉长那持璧倚柱的身影，映在秦王惊慌的眸中。这宁为玉碎的刚毅坚决，是蔺相如的使命。

历纪世代，眨眼间曲折成了回廊，千载后，它仍是我掌心里的纹章。

人们都在逃离疫区，此时却有人"逆行"，是什么引领他们"欣然赴死"？

是使命。

只用 10 天就建出一座医院，一座占地 30 万平方米的医院！是什么能让他们"创造神迹"？

是使命。

每天工作 20 小时，睡觉都是站着睡，却没有一个人放弃，是什么让他们"甘之如饴"？

还是使命！

疫情就是命令，防控就是责任！这里没有什么"超级英雄"，有的只是一个又一个普通人所散发出的光；只是"女娲断鳌之四足以立地之四极"般的惊人魄力；只是我辈那依旧挺直的脊梁！心怀使命，让我们以凡人之躯，却比肩神明。

虽千万人逆我之，我仍执着，这是使命的指示；力有所能无不为，忠也。知其不可而为之，勇也，这是使命的召唤。那豁出去的决心即为节点，那亘古的精神意志即为人的第一序列武器！

英雄过往，或斑驳在朱漆的画廊，但也在这山高海阔天地苍茫！

试问：在这中华大地上，谁人扬鞭策得历纪开章？谁人在那列宿下留名封神台前金榜？正是当代青年人！

且看那飞鸢为旗，齐迎我辈驾北斗星到场，溯回五千年，须由我写下历史第一章。

铭记历史　以史为鉴

——论五千年传承中华在近代落魄挨打之因

重庆市字水中学高 2021 级 2 班◎张　帅　　指导教师◎吴晓玲

　　泱泱中华，上下五千年历史的文化传承，是四大文明古国中唯一留存的文明火种。甚至在中国古代唐宋元时期，中国几乎是发达和富庶的代名词，以至于在《马可波罗游记》中有"遍地黄金"的描述。这样一个大国，却在近代以彗星陨落之姿跌落到国际竞争的底端。令人不得其解，却仍有迹可循。

　　应有以下两点原因。

　　其一，我国自古以来封闭保守的小农经济和总体保守的经济政策。从商鞅变法以来，小农经济大行其道，明清保守封闭的经济政策，比如海禁和闭关锁国等。其实的世界正处在一个风云变幻之际，十七世纪以来，欧洲列强海上霸王的不断涌现，荷兰，西班牙，英国等国制霸海洋，哥伦布发现美洲大陆，即使我国明清郑和下西洋比他早足足 500 年。工业革命的出现彻底迅速拉开了中外之间的差距，近代中国经济已输在了起跑线。

　　其二，科技水平发展。由于我国地广，并且政府重农抑商的政策，我国古代大部分的科学发现都是围绕人民的农业生产，比如《九章算术》，就是用数学方式来解决人民生产中耕种水剥等九大块的问题，欧洲国家往往，地狱狭小，在文艺复兴突破中世纪的阴霾后，科技有了长足的发展，重实践的中国式科技有不同，理论实践并重的方式，使西方在近代军事方面胜利才有了八国联军和甲午海战血淋淋的教训。

　　铭记历史，以史为鉴，现在的中国，在中国特色社会主义的正确引导下，跨时代的"一带一路"倡议,科教兴国等重大的政策都做到了以史为鉴又有所突破,让我们看到了中国绽放的未来之花!

回顾历史　学会反思　点亮未来

重庆市字水中学高 2021 级 5 班◎周　巧　　指导教师◎吴晓玲

历史不仅仅是让我们知道过去发生了什么，不仅仅是让我们对先辈保持崇高的敬意。更是让我们从过去的事情里懂得怎么去把握自己，不论是对个人还是对国家，它都十分重要。

从历史中，我们可以进行自我反思，过去的人们有许多伟大的发现和创作，在当时掀起了轩然大波，放到现在来看也许我们会觉得这些所谓的杰作并不难，可是那是站在祖辈的肩膀上才学到的东西，没有历史，我们将没有故事，没有民族，没有民族魂，也没有现在。我感谢我的祖先，我的国家，以及活在我的历史中的每一个人。

曾经有这样一个人，13 岁登基，22 岁君临天下，39 岁一统全国。历史上对他的评价不一，可他创建的千秋功业仅仅只存在了 15 年，他就是千古一帝秦始皇嬴政，中华民族的奠基人。现在有的人说他是暴君，不就直接把他与以前的周幽王、商纣王归为一谈了吗？那秦始皇"六王毕，四海一"的功绩就不值得敬佩吗？他开创了帝制的先河，并且延续了几千年。他让我们看到了一个国家的可能性，一个君主的强大，一个统治者政治才能的优秀。而秦二世，可谓是把他父亲留下的好牌打得稀烂，"楚人一炬，可怜焦土"便可看出。统一战争的胜利，只不过是万里长征走完第一步，治理国家是需要慢慢来的，得民心便是重要的一环，人民护拥国家就像水载舟，水能载舟，亦能覆舟。这不就是秦国覆灭带给我们的启示吗？

历史带给我们的启示是多方面的，不仅仅是政治。历史上众多的事件也对我们今日的生活有很大影响。最著名的无疑是丝绸之路了。

丝绸之路是人类历史上文明交流交融最耀眼的舞台，它浓缩了亚欧大陆的经济交流，见证了东西方物质文明和精神文明的交融。在丝绸之路上，祖祖辈辈谱写了人类社会进步的华章。对外交流是促进经济发展，商品多元化，提升综合国力的重要措施。从丝路到改革开放，再到今天的"一带一路"倡议，我国稳步发展，取得了令世人瞩目的成就，成为世界第二大经济体。在机遇与挑战并存的国际社会，我们抓住了机遇也战胜了挑战。丝绸之路的开辟和发展顺中华民族伟大复兴之势而为，为我国更好、更持续地走向世界，融入世界，开辟了崭新路径。

　　历史是我们与前人对视的镜子，脚踏实地，学会反思，回顾历史，不仅仅是对先辈的敬畏，更是对自己、对国家、对社会发展的反思！

以史为鉴　可知兴替

重庆市字水中学高 2021 级 5 班◎任美楠　　指导教师◎吴晓玲

【摘　要】历史是古今中外非常重要的一个学术内容，但是仍有不了解历史，不关注历史的人。本文通过对三个历史事件的分析，深入探究和前后联系。对历史的作用，对历史的影响，有了简单的说明。同时也介绍了历史当中改革这一重大话题，通过改革引出在不同阶段，不同社会岗位的人，如何通过学会历史，学会历史中的改革来改变自己？

【关键词】以史为鉴；改革

史，《说文解字》中解："记事者也。从又持中。中，正也。凡史之属皆从史。疏士切'注'叟，古文史。"所谓记事中正，古文为史，这便牵扯到历史的特性之一：为后人所用。

后人如何用史，杜牧给出了"后人哀之而不鉴之，亦使后人而复哀后人也"的参考，以史为鉴，可知往事之更替发展，悟得当世之经验教训。中华上下五千年，亦不缺典例。

"因循苟且逸豫而无为，可以侥幸一时，而不可以旷日持久"正如宋代著名改革家王安石所说，因循守旧是无为之道，适时而为之方为真理。改变守旧，革新思想——改革。从古至今，每次改革，都推动着历史的进程，无论成功与否，都是一次伟大的尝试。唯改革者进，唯改革者强，唯改革者胜。

1. 商鞅变法——政治领域的大革新

社会新阶层的崛起，往往是引发改革的重要因素。

春秋战国时期，是分封制崩溃、中央集权制确立的过渡时期，在这一时期，铁制农具的使用和牛耕的逐步推广，导致原有的土地国有制——井田制，逐步被土地私有制所代替，新兴地主阶级发展，并且要求获得政治权利。

由《垦草令》拉开了变法的序幕，废井田、重农桑、奖军功、实行统一度量和建立县制，实施连坐法等一整套变法求新的发展策略在秦国实施。

经过商鞅变法，秦国的旧制度被彻底废除，经济得到了发展，秦国逐渐成为战国七雄中实力最强的国家，为后来秦一统天下奠定了坚实的基础。这次变法也是战国时期一次较为彻底的封建化运动，顺应了历史发展的潮流，推动奴隶制社会向封建制社会转型，符合新兴地主阶级的利益，大大推动了社会进步和历史的发展。

2. 文艺复兴——思想领域的大新生

陈腐保守的思想阻碍着社会的发展，而新的经济因素的产生和发展往往推动着思想文化领域的变革。所以经济也是引发变革的重要因素之一。

11世纪后，随着经济的复苏与发展、城市的兴起与生活水平的提高；14世纪，随着资本主义经济的萌芽，意大利的市民和世俗知识分子逐渐改变了以往对现实生活的悲观绝望态度，开始追求世俗人生的乐趣，而这些倾向挑战着天主教的"禁欲主义"。

文艺复兴运动就这样首先在商品经济繁荣的意大利开始，并传遍欧洲。借助着丰富的古希腊、古罗马的文化，首先在文学艺术领域出现了一次重大的革命，在这一时期的艺术和文学作品关注的重心大多由神转向了人——文艺复兴时期的新人，他或她是自身命运的塑造者，而不是超自然力量的玩物。在这个关注人描写人的时期内，先后出现了"文学三杰""美术三杰"。文艺复兴的广泛开展，其中宣扬的冒险精神，促使了想要在。远洋航行上寻找到新的贸易路线和贸易伙伴，由此推动了新航路开辟。世界也由此打破了以往孤立封闭的状态，增强了联系，逐渐开始了一体化进程。

文艺复兴运动推动了资产阶级文化的产生和世界文化的发展，促进了欧洲人民的觉醒，开启了近代化的征程，为资本主义世界的到来做了必要的思想文化准备，也为资产阶级革命做出了思想动员和准备。

3. 改革开放——经济领域的新征程

生产关系同生产力、上层建筑同经济基础之间不相适应，同样也有可能引发改革。

古代中国亦不乏对外开放、经济活跃的时代，如汉唐的西域商道的开通和对外经济文化交流的繁盛；宋朝海上丝绸之路兴起，商品经济发展，对外开放的脚步越走越大。反观近代，明朝实行海禁政策，清朝的闭关锁国政策，却将中国对外开放的大门几乎锁死。

中华人民共和国成立后，完成了新民主主义革命。但由于社会主义建设的曲折发展，社会生产力发展缓慢，人民温饱没有解决，科技教育落后，如何改变现状。

1978 年 5 月 11 日，《光明日报》头版发表特约评论员文章《实践是检验真理的唯一标准》，在全国范围内引发了一场关于真理标准问题的大讨论；而在安徽四川的一些农村，农民已经悄悄地干起了"包干到户"。1978 年 12 月十一届三中全会中国开始实行的对内改革、对外开放的政策。1979 年设立了深圳，珠海，汕头，厦门四个经济特区；1982 年家庭联产承包责任制确立；1984 年有计划的商品经济提出；1986 年全民所有制企业改革正式启动。

党中央实行一系列的经济措施，改变了在"文化大革命"之后中国落后的现状，开创了中国特色社会主义，解放和发展社会生产力，提高了综合国力，进一步解放了人们思想，推动了中国融入全球化的浪潮。

同以上三个例子可以看出，新制度与旧制度、新思想与旧思想、新经济与旧经济的矛盾，往往是尖锐的，我们必须目标意志坚定，采取一系列措施来解决新旧更替带来的问题和矛盾。

结合眼前的人与事，例如老师，如果新的教育要求与旧的教育方法相违背，那老师自身必须要做出"改革"。同样还有学生，如果旧的学习方法和不同阶段的学习要求不适应，那必须结合自身，对旧有的学习方法进行改造和革新。

以史为鉴，这不仅仅是当政者需要做的事情，对于我们个体自身也同样适用。我们可以根据历史的经验，来改变现状，学好历史，以史为鉴，在通过对历史的经验教训的分析，来做出创新和发展与对应生产力和发展水平的相结合的良性发展。

参考文献

[1]（美）斯塔夫里阿诺斯著,吴象婴等译 / 全球通史:从史前史到 21 世纪:第七版修订版下册 [M]/ 北京 - 北京大学出版社 /2006.10

巾帼矗立历史长河

重庆市字水中学高 2022 级 3 班◎张逸飞　　指导教师◎夏银春

在我国封建社会，妇女的地位很低，但也不乏巾帼不让须眉，矗立历史长河。

宋代才女李清照便是代表之一。她与张汝舟婚后不久发现，张汝舟只是觊觎她家的财产，当其得知李清照的财物在颠沛流离中早已遗失殆尽后便本性暴露，开始对她家暴。李清照无法忍受此等屈辱，即使是遭受牢狱之灾也要将其告发，与之离婚。李清照不仅文学造诣深厚，更是在女性的婚姻自由中做出表率，有着"生当作人杰，死亦为鬼雄"的超脱气质。

女性不应受困于封建社会，在追求自由的道路上也不受限于相夫教子。南宋名将梁红玉就闯出了一条不平凡的路。她与丈夫韩世忠保境安民，她亲率数百骑兵突袭苗刘叛军，一度击溃苗傅大军，立下殊勋，被封为安国夫人和护国夫人，对赵构有救命之恩，对南宋更有扶正之功。穆桂英在杨家男将——败下阵来时，英勇挂帅，大破天门阵，力挽狂澜，立下救国之功。

大清的孝庄也值得点赞。大清立足未稳之时，百废待兴，孝庄审时度势，善纳群策，吸收采用明朝政权模式优点，颁布了大清国摄政王旨，为大清站稳脚跟奠定了坚实基础。在二十岁的康熙与把控战略上欠缺些果断与沉稳时，孝庄坚决支持康熙，确保了平定"三藩之乱"取得胜利。孝庄站在国家高度，凡是以国事为重，不讲享受只讲奉献，在历史上的领导者之中属实难能可贵。

古代女性为后代开辟道路，现代女性将这条道路修筑得越发坚实宽阔。在此次抗击新冠疫情中，73 岁的李兰娟院士受国所托，逆行武汉考察疫情。这次是李兰娟与 2003 年非典,2013 年 H7N9 搏斗后的又一次战"疫"。她冒着风险在武汉、北京、杭州三地来回出诊开会,每天睡眠不超过三小时,她坚定地说:"战'疫'不成功,我就不撤兵!"在她心里,人民高于一切,生命重于泰山。这就是巾帼英雄,中国的脊梁,民族的栋梁!

正如学者苏珊·斯特恩所言:"女人既是劳动力大军中的生力军,又是家里的顶梁柱。当然,女性在职场、艺术界、文学界也取得了令人瞩目的成绩。在战争中,她们勇敢地挑起重担,在一片废墟中,女性顽强地撑起了一片天空。

在历史长河中,女性朝着希望前行,不同于盲目追寻太阳的平常之花,而是天山的向日葵。不需要竭力迎合阳光,而是将信仰当作伙伴,高傲地昂起头颅,并肩盛开。也许她们会因为没有向阳而干枯飘落,但"落红不是无情物,化作春泥更护花"。太阳每天会照常升起,而高岭之花也会再次徐徐盛开。

知行合一

——一代圣人王阳明

重庆市字水中学高 2022 级 4 班◎冷香铃　指导教师◎夏银春

　　有人曾说过，中国历史上有两个半圣人，一个是孔子，第二个是王阳明，半个则是曾国藩。王阳明非但精通儒释道三教，而且能统军征战，是中国历史上罕见的全能大儒，明朝心学集大成者。他强调"知行合一"。他的学说在中国、日本、朝鲜半岛都有着重要而深远的影响。

　　到底是什么力量让他能达到如此高的成就？答案就是知行合一。知行合一的"知"不是知道，而是良知，遵循内心的良知，便能达到宁静于内，无敌于外的境界。要体会心学的强大力量，可以从王阳明惊人的军事才能感受到。

　　在宸濠之乱中，朱宸濠因祖先受明成祖朱棣欺骗，内心不平衡，而皇帝朱厚照又荒淫无道，他决定发动叛乱。他暗中积蓄力量，招兵买马，精心准备了十年，训练了七万士兵，突然于 1519 年起兵造反。当时状况可谓是：黑云压城城欲摧。而此时的王阳明正荡平了江西的巨冠前往福建出差。当他听说判乱消息后，立即东拼西凑出了一支三万多人的杂牌军。七万的正牌军和三万多人的杂牌军，是正常人都知道这个差距可谓是天壤之别，王阳明想取胜可谓是难如登天。就是在这样的情况下，王阳明却仅用四十多天就取得了成功。他到底是怎样做的呢？

　　当战后有人问王阳明，你到底用了什么兵法谋略？王阳明自己说："哪里有什么用兵之术啊？我的秘诀就是尽量让自己的内心平和，做到比对手更冷静，敌人一遇到变化，就会患得患失。"总而言之，就是知行合一，让自己的良知正常工作，做到定、静、安、虑、得。在具体的事情上磨炼自己，这样才能行稳致远，才能静亦定，动亦定。人不仅要认识"知"，更应当以"行"，去实践"知"，只有把"知""行"统一起来，才称得上"善"。

知行合一，是人们提高自身知识水平和内心修养的根本途径，是王阳明先生留给我们后人的智慧宝藏。知易行难。它需要我们用一生来修炼最终真正做到遵循内心的良知，达到宁静于内，无敌于外的境界。而修炼的方法简而言之就是用心做事，用心领悟，不断反思，从行事中去打磨自己，践行自己的"良知"，使自己的行事和自己的认识协调和谐。

我相信在王阳明知行合一心学的智慧力量下在世俗生活中不断修行，定能让自己成为一个内心强大的人，定能去掌控命运，引领世界，从而成就梦想，绚烂人生。

沉鱼落雁　舍得青春为国家

重庆市字水中学高 2022 级 4 班◎刘霁颖　指导教师◎夏银春

在茫茫的历史长河中，我们见证了名人曲折或辉煌的一生；见证了王朝的兴盛与衰落；见证了人类从野蛮走向文明。我们是历史的见证者，也是历史的创造者。

在历史的发展过程中，有太多的人物、事迹值得我们深思，并从中获得启示。"沉鱼落雁"的王昭君便是其中之一。

王昭君，中国古代四大美女之一，也是为汉族与匈奴的团结做出卓越贡献的女子。谈起她，人们想到的是她难以媲美的美貌，却总是忽略了她身上不俗的才华及为历史做出的贡献。

王昭君天生丽质，聪慧异常，琴棋书画无不精通。公元前 33 年，匈奴首领主动来汉朝，请求和亲。王昭君以公主身份远嫁匈奴。这个明是非、懂取舍、重大义的女子把美丽的青春年华奉献给了大漠，奉献给了国家。她不舍故土，却将所有的思念与痛苦埋藏在遥远的大漠之中，以超出娇小身躯的豪情将中原文化传到了匈奴，为汉族与匈奴的和睦做出努力。在昭君出塞后，开创了汉族与匈奴 60 年无战事的局面，其子孙及姻亲们也为两个民族的友好相处做出贡献。

我们不得不沉思，假若我们也将站在王昭君的处境上，我们是否会丢下亲人与故土，将自己的青春奉献给那片陌生的土地与身后的国家。可是，历史没有假设，王昭君选择了放弃自己的个人利益换取国家的长远利益，这是一种责任，是一种大义。她留给我们的印象，不应该只是好看的皮囊。

同样，这种舍小利取大义的精神也适用于现在。在集体需要的时候，我们应该贡献出自己的力量；在社会需要的时候，我们应该勇敢的挺身而出；在国家需要的时候，我们更应该舍小利护大利。在最近的新冠疫情中，我们有了最深刻的体会，只要国家宣布，只要是有利的措施，我们都应该遵守以保障全人民的安全，哪怕出行、生活没有之前便利，也应该暂时放弃自由的欲望，承担起属于中国公民的一份责任与义务。

　　每个人都有选择人生的自由。你是选择再在大局面前，紧抓自己的小义，或者忍受不舍，为集体做出贡献，这都将决定你不同的人生。显然，我们可以从历史中得出后者是更为明智的选择。在这次疫情中，有一群年龄不大可责任心很强的 90 后抗疫人员毅然决然地冲上抗疫前线，冒着生命危险保护着全国人民。对于病毒，他们也惧怕，可在国家大局面前，这些正值美好年华的年轻人甘愿褪去红装，护得八方平安。不久的将来，00 后的我们也将成为祖国发展的年轻动力，我们应该学习这些 90 后抗疫人员，我们理应像这些 90 后抗疫人员一样为祖国撑起一片天地。

　　或许我们不会有卓越的功绩，或许我们的事迹不会名扬四方，或许我们不会像昭君一样被记入史册。可是，只要集体中有我们的一分力量，只要祖国的建设中有我们的足迹，就足矣。

　　忆从前，昭君埋苦入大漠，舍身大义为国家。

　　望如今，国民豪情舍小利，忠贞不渝护家园。

麦田里的守望者

重庆市字水中学高 2022 级 4 班◎李若桐　指导教师◎夏银春

麦客，一群以替他人割麦为生的人，一个历史悠久的职业。

田地里总是可以看见他们拿着镰刀的身影，一组弯腰和起身，手中便出现了一大簇金黄。从雾霭弥漫到月上柳梢，从初秋到深秋，他们从不间断，一直默默地收割着小麦。麦客们相信通过劳动换取的回报才是最真实可靠的，他们用汗水创造了美好生活。勤于劳动的他们，是中华民族的缩影。

从衣不遮体、食不果腹的远古时代到高科技时代，人们的生活水平越来越高，其中每一次进步都由中华儿女艰苦奋斗而来，麦客是见证者之一。

麦客，西北人民对农忙时节有偿或无偿替别人收割小麦的人的称呼。麦田的客人，格外彬彬有礼，也饱含热情。它究竟在黄土高原上形成了多少年，今已不可考证。我们能确定的只是他们犹如候鸟一般迁徙的定期劳作已经存在了很多年，它的发展都与古代农业收割方法的进步息息相关。

人类在距今约 1 万年的时候便开始了对农业的探索，我们的祖先率先种植水稻和小麦。最初人们徒手播种收获粮食，但他们很快意识到这种方法收获甚微，于是方便的收割工具镰刀被发明。最初的镰刀是远古人类用动物的口部牙齿骨骼制作的，然后有了石器仿制的锯齿，人们就拿锯齿来割一些不太好处理的动物皮毛。夏朝开始，金属慢慢被人们了解利用，锯齿与时俱进，改为用金属制造，后来人们对锯齿加以完善，直至成为镰刀，由此可知镰刀在很早的时候便运用在人们的日常生活中了。另一种收割工具名为钐子，相传是由诸葛亮发明的。它的刀刃叫钐片，钐片安装在一件竹木结构的半圆形浅筐上。但使用钐子却十分困难。明朝徐光启在《农政全书》

里说："钐，长镰也。其刃务在刚利，上下嵌系之首，以芟麦也。比之刈获，功过累倍。"这表明它和用镰刀收割麦子比起来，要快几倍，也要多用几倍的力气，所以人们普遍使用镰刀割麦。有了协助工具，小麦的收获效率大大提高，产量越来越多，有的人家在农忙时节甚至收不过来，于是麦客出现了，这个群体迅速发展、壮大，成为麦田里的守望者，它见证了古代收割工具的创新发展，见证了我国古代农耕文明的不断进步，直到科技改变世界。

随着现代科技的快速发展，许多农业区已经基本实现机械化。走进新时代，许多麦客与时俱进，开始使用机器进行收割。秋天的麦田黄了，像无边的金色海。大江南北，田间地头，驾驶收割机的麦客团队干得热火朝天。他们收割着丰收的小麦，收获着喜悦与希望。麦客新生了，但麦客本色依然存在。在他们的身体上留下了深深的劳动印记。那是他们始终坚守这份工作，一刀一刀割出属于自己天地的证明，也是麦客存在的意义。这些记忆不会随时光流逝而消失，就像今天的世界日新月异，却依然保留了优秀的传统精神文化。麦客是麦田的守望者，就像手艺人是传统手工业的继承者，他们传承至今，创造了很多文化瑰宝。如今越来越多的年轻人选择守护传统文化，他们专注工作，脚踏实地，他们明白新时代的青年不能游手好闲，因为劳动是一切成功的必经之路。

麦客作为麦田里的守望者，不仅守护麦子，而且展现热爱劳动的品格。我们作为中华儿女，有责任传承优秀的传统。作为普通人，如果把对美好生活的希望和麦客艰苦奋斗的劳动精神有机结合，我们的人生将会充满力量，意义非凡。

烟火里的尘埃

重庆市字水中学高 2022 级 4 班◎廖宇红　指导教师◎夏银春

威尔·罗吉斯曾说"我们不可能全都做英雄，总得有人坐在路边，当英雄经过时为他们叫好。"的确，不是每个人都能做出一番宏伟事业，从而流芳百世，现实中，我们更多的是为生活忙碌奔波的平凡人。但其实，大人物有大人物的辉煌，小人物有属于小人物的精彩。

王世襄，出生于名门世家，他不像他家人那样在某些方面颇有建树，而是沉迷于各种雕虫小技。蟋蟀，鸽子，大鹰，烹饪，火绘，漆器，竹刻，明式家具……他涉及的东西可谓五花八门，但消遣之外，他却是真心喜爱这些玩意儿的。为了得到心爱的东西，他常是舍得花钱，舍得花时间，甚至长途跋涉、风餐露宿也在所不辞。时间久了之后，他所收集的珍品数不胜数，于诸般玩技靡不精通。荷兰王子甚至向他专程颁发了 2003 年"克劳斯亲王奖最高荣誉奖"。或许在很多人心中，王世襄算不得什么了不起的人，但诚如他获奖理由所说的那样："如果没有他，一部分中国文化还会被埋没很长一段时间。"长时间的日积月累，他用自己的力量对中华文化的保存做出了卓越贡献。

平凡如他，伟大亦如他。没有惊天动地，没有轰轰烈烈，只细水长流，王世襄做出了自己的贡献。除了他以外，我还想到一个拾荒者。

说到拾荒，心里便不自觉蹦出一个衣衫褴褛的形象。然有那么一个人，他叫陈光伟，四川巴中一位 69 岁的老农，深深改变了我一贯的印象。20 世纪 80 年代，陈光伟为了养家糊口，开始拾荒。这样的一个普通人，一个可怜人，在历时 36 年以后，依靠收废品藏书 5 万册，"捡"出了一座图书馆。曾经有收藏家要把他所有的书买走，开价300万，他毫不犹豫地拒绝了，最后却将其中的千册古籍无偿捐献给了四川省图书馆。在谋生之余，草根如他，竟一点一点拾出了自己的价值，为祖国奉献出了自己微薄的力量。

我们总认为自己是微尘，羡慕别人的人生，但种种事实表明，每个人的存在都是必然的，都有着他自己的理由。正如"蝴蝶效应"所揭示的那样——一只小小的蝴蝶在巴西上空振动翅膀，它扇动起来的小小旋涡便会引起风暴——我们每个人与世界都是有关联的。

或许我们不能像科研工作者那样潜心钻研，做出世界性的突破发展；不能像医生那样救死扶伤，妙手回春；不能像军人那样奔赴前线，保家卫国……但我们可以在自己的岗位上，尽自己的力量做到最好，从而实现我们的价值。李太白豪言："天生我材必有用"，我们不需妄自菲薄，像鲁迅先生那样："就令萤火一般，有一分光，发一分热"。

即使我们是烟火中一粒微不足道的尘埃，烧尽过后，仍会泛着微光，虽不亮，周围的余温却表明它真实存在过。

痛定思痛　砥砺前行

——记敦煌文化浩劫之反思

重庆市字水中学高 2022 级 4 班◎刘霁颖　指导教师◎夏银春

20 世纪初，欧美的艺术家正在酝酿着 21 世纪的突破。罗丹正在他的工作室里创作雕塑，雷诺阿、德加、塞尚已处于创作晚期。他们中有人已向东方艺术投来歆美的目光，而中国古代最灿烂的文化——敦煌文化还藉藉无名，仍被厚厚的尘灰积压着。

当时是王道士当着敦煌莫高窟的家。王道士，即王圆箓，一个最平凡普通的道士，光绪二十六年 (1900)，他发现了藏经洞，并挖出了佛教经卷、社会文书、刺绣、绢画、法器等文物 5 万余件。他报告上去后，当时的政府却视若无睹、无所作为。

但狡黠的帝国主义掠夺者却对此觊觎已久。1907 年英国的斯坦因匆匆来华，掠走写本、文书 24 箱，绘、绣佛画 5 箱。当他带着这些精华回国时震惊了西方文化界，以至于 1914 年斯坦因再次从敦煌掠走 5 箱写本，两次共掠走遗书、写本 1 万余件；1908 年，法国人伯希和从藏经洞中拣选精品，掠走 5000 件；1911 年，日本人橘瑞超和吉川小一郎从王道士处弄走约 600 件经卷……

没有任何关卡，没有任何手续，他们只用一点随身的商品、一叠银圆等换走了这价值连城的宝物——因为平凡的道士要的只是一笔最轻松的小买卖。

从后来的史料实证我们可以知道，敦煌遗书以其内容广博，弥足珍贵而闻名于世，推进了中世纪中国和中亚的历史学、考古学、语言学、文字学、民族学、宗教学、文学、艺术、书志学、历史地理学等各个领域的研究。

敦煌文化是弥足的珍贵，是世界文明长河中一颗璀璨的明珠，部分精华的丢失实在是我国巨大的文化浩劫！

从时空观念来看，这却不是王道士一个人的错。从余秋雨的文章中我们可以看出当时政府的无能，对文物的亵渎；还有官僚们的自私虚伪，帝国主义的强权和霸道的文化观念等都使灿烂的文化蒙满尘垢，珍贵文物横遭劫难。但正义虽会迟到却不会缺席。

世事变迁、光阴流转，中华人民共和国成立以来，党和国家高度重视、大力支持敦煌文化的保护传承工作。70多年来，一代又一代的敦煌人秉承"坚守大漠、甘于奉献、勇于担当、开拓进取"的莫高精神，在极其艰苦的物质生活条件下，在敦煌石窟资料整理和保护修复、敦煌文化艺术研究弘扬、文化旅游开发和遗址管理等方面做了大量工作，取得了不少重要研究成果。

在漠漠黄沙飞满天的敦煌，一位领导的到来令它蓬荜生辉。习近平总书记于2019年8月19日到敦煌莫高窟调研考察并做出了重要讲话。他提出：敦煌文化充分展示了中华民族的文化自信。……我们研究和弘扬敦煌文化，既要深入挖掘敦煌文化和历史遗存背后蕴含的哲学思想、人文精神、价值理念、道德规范等，推动中华优秀传统文化创造性转化、创新性发展，更要揭示蕴含其中的中华民族的文化精神、文化胸怀和文化自信，为新时代坚持和发展中国特色社会主义提供精神支撑。

少年强则国强，少年富则国富。作为新一代的青年，我们要积极学习和传播敦煌文化，做新时代中华文化的继承者、创新者、传播者。我们要铭记历史，以史为鉴，照亮未来！

星火燎原　红日冉升

——记历史方位上的顾维钧

重庆市字水中学高 2022 级 4 班◎谭景阳　指导教师◎夏银春

1919 年，第一次世界大战刚刚结束。一群贪婪的豺狼等不及要瓜分战败国利益。于是召开了著名的巴黎和会，而中国即将以战胜国的身份蒙受战败国之屈辱。中国驻美公使顾维钧被推到了历史方位上。

1 月 28 日，在巴黎和会上，一袭盛装的顾维钧郑重地走上会场，锐利的眼神环顾一周，记住了一张张豺狼的嘴脸，最后锁定在了日本代表，牧野男爵身上——他代表日本，提出继承德国在山东的权益。

顾维钧义正词严地问道："西方出了圣人，他叫耶稣，基督教相信耶稣被钉死在耶路撒冷，使耶路撒冷成为世界闻名的古城。而在东方也出了一个圣人，他叫孔子，连日本人也奉他为东方的圣人。牧野先生你说对吗？"牧野不得不承认："是的。"各国代表都在底下纷纷讨论这个中国代表。顾维钧微笑道："既然牧野先生也承认孔子是东方的圣人，那么东方的孔子就如同西方的耶稣，孔子的出生地山东也就是东方的圣地。"牧野张开口，说不出话来。而底下议论的声音也开始大起来，他们纷纷赞誉起这个小小外交官。顾维钧用眼神给予对方极大的压力，掷地有声地说出最后一句话——"因此，中国不能放弃山东，正如西方不能失去耶路撒冷。"凝聚睿智的雄辩响彻凡尔赛宫。会场上，先是零落散乱的掌声，然后越来越大，越来越响……

然而英、法、美等几个列强大国为了分赃，为了自己的利益，推行强权政治，竟把德国在中国山东的权利转交给了日本。中国外交团会这样认输吗？

签约仪式上，顾维钧面色沉重，缓缓走向签字桌。他用利剑般的目光扫射了那些道貌岸然的代表，义正词言地说道："我很愤怒……你们凭什么把中国的山东省送给日本人，我们拒绝签字！请你们记住，中国人永远不会忘记这沉痛的一天！"顾维钧毅然地合上签字本，决然而去。

顾维钧乘坐着汽车经过巴黎的街头。他在回忆录中写道："汽车缓缓行驶在黎明的晨曦中，我觉得一切都是那样黯淡——那天色，那树影，那沉寂的街道。我想，这一天必将被视为一个悲惨的日子，留存于中国历史上……这对我、对代表团全体、对中国都是一个难忘的日子。中国的缺席必将使和会，使法国外交界，甚至使整个世界为之愕然。"

历史深深铭刻下了这一天，1919 年 6 月 28 日！这次拒签在中国外交史中具有里程碑式的意义。这是近代百年中受尽屈辱的中国第一次在西方列强面前说"不"！此后，在中国大地上燃烧起一股股熊熊的烈火。

中国在近代里遭受了数千年来未有之变革，民族遭逢百年之浩劫，然愈是如此，仁人志士愈奋不顾身地扑出来，投进民族救亡，国家复兴的运动浪潮中。

顾维钧在此列，周恩来也在此列，往前数，谭嗣同、梁启超、张謇、鲁迅诸如此类在此列，往后数邓稼先、钱学森等爱国科学家也在此列。在这条荆棘密布的路上，不只有他们，也有很多默默无名的人。即使每个人的力量很小，但如星星之火一般，可只要有一分热，就如萤火一般，也可以在黑暗里发一点光。积少成多，聚沙成塔，星星之火，可以燎原，便能照亮民族的未来。

身后是前辈烈士用信仰、血肉、智慧铺出来的民族独立之路，身前是我们汲取历史智慧，即将用汗水开拓的祖国复兴之路。且看着吧，雄鸡一唱天下白，千年的底蕴造就今朝的图强。在大国竞技的风云舞台上，东方的一轮红日正冉冉升起。

"求同存异"放光芒

——记万隆会议上的周恩来

重庆市字水中学高 2022 级 4 班◎吴明洋　指导教师◎夏银春

　　"二战"带来的创伤尚未愈合，冷战的威胁就已笼罩在了地球的上空，美苏争霸，两极格局形成，为了反对美苏的霸权主义行径，维护自己应有的民族独立和国家主权，广大亚非拉发展中国家决定坚持和平、中立和不结盟政策，周恩来在先前访问缅甸与印度时提出的和平共处五项原则也受到各国强烈拥护，为会议铺好了路。

　　有这等好事美国怎可能愿意，美帝国主义粉墨登场，大肆造谣，竟然捏造说："新中国想要夺取亚非世界领导权！对远东构成了尖锐、迫切的威胁。"一套套的无稽之谈极力挑拨着新中国与亚非国家的关系。

　　1955 年 4 月 11 日，周恩来总理因为刚刚做完阑尾炎手术，不宜乘机，于是便改陆路从昆明前往缅甸首都仰光，可晚上，周恩来突然接到北京外交部的电话，他的脸瞬间暗了下去，却又透露出一丝庆幸。

　　就在不久前，原定周恩来乘坐的印度客机"克什米尔公主号"发生爆炸，11 名乘客全部遇难。美帝国主义通过收买机场清洁工来装上定时炸弹进行政治谋杀的邪恶阴谋被最终没有实现，这也更坚定了周恩来和中国代表团此次出行必定成功的决心。

　　许多资本主义制度的亚非国家虽然不大信服美国对新中国丑陋无比的描述，可终归担心这个神秘的社会主义大国会不会像苏联一样蛮横无理，骄横跋扈。这场会议好像注定会掀起一场大风浪。

1955 年 4 月 18—24 日，万隆会议盛重召开，会上，以周恩来为首的中国代表团始终保持着积极支持态度，周总理一开始就说道："我们中国代表团不是来吵架的。我们共产党人从不讳言我们相信共产主义和认为社会主义制度是好的。但是，在这个会议上用不着来宣传。"一开口就直击各国代表的心扉，中国不是来立异的，而是来求同存异的。第二说到了宗教信仰问题，倡导宗教自由，又打消了各国宗教上的顾虑。第三，谈到了所谓颠覆运动的话题，义正词言的抨击了蒋介石利用华侨和少数民族在外国搞颠覆活动的卑劣行径，并向各国重申中国共产党从来且未来也不会像美国一样对邻国搞颠覆运动。最后他引用了中国一句俗语："百闻不如一见。"向各国展示了中国最高的诚意。

　　周总理在会上的滔滔不绝，妙语连珠让与会国代表心服口服，而且并不只是口头上夸夸其谈，"求同存异"绽放出绚丽的光芒，成为广大亚非拉国家的口号，中国提出的处理国际关系的十项原则充分体现中国智慧，更是成为国际上公认的处理国际关系的准则。

　　"团结、友谊、合作、和平共处、求同存异"的万隆精神是中国的，更是世界的。它推动了历史车轮的前进，也预示着亚非拉各国将崛起的未来。

　　在这之后，东欧剧变、苏联解体，美国致力于构建属于自己的单极体系，多极化趋势也不断发展，在百年未有之大变局的今天，世界各国更应该在外交上秉持这样的原则，为人类的未来贡献自己的力量！

以谦为敬　以敛处事

重庆市字水中学高 2022 级 4 班◎袁　权　指导教师◎夏银春

"君子藏器于身，待时而动。"有才华的人谦而不卑，不骄不躁。敛其锋芒，收其傲气，以谦卑掩之，以收敛藏之，站在谦卑之上淡泊明志，立足于收敛之间宁静致远。

不会谦卑的人往往难以成功，而正是在失败之中人们懂得内敛，而历史正是一次次教育人们何为谦卑，何为内敛。

徐悲鸿是我国著名的国画大家，他的马奔腾与宣纸之上，那枣红的，鬃毛在空中披散，那浓黑的，健壮有力，那雪白的，闪闪发光。头仰天，尾指地，好一群傲气的马。但徐悲鸿本人却十分谦虚。一次，他的画正在画展上评议，而一个乡下的土老伯居然到这位大画家面前说："先生，你这幅画的鸭子画错了，你画的是麻鸭，麻鸭的尾巴哪来这么长的？"向画一看，题为"谢东坡看江水暖诗意"。画中鸭尾羽卷曲如环，但是只有雄鸭的羽毛才会如此。面对老伯在众人面前公开地指出自己的错误，徐悲鸿并没有慌张或者生气，反而是深深的致谢并道歉，勇于承认了自己的失误，而不是因为自己是大画家而拒绝承认。

徐悲鸿的谦虚让他的作品不断完善，而唐伯虎的自傲却葬送了他的远大前程。

唐伯虎的才气其实很早就已经显露出来了，参加乡试，他即中举，但中举后他非但没有收敛他的个性，反而更加的得意，他的好友祝允明规劝他说："夫千里马，比朝秦暮楚，深见其远尔。"告诉他要学会自谦，但是他并不以为然，反而在《与文徵明书》中表示自己生来如此，如果你看不惯，可以与我绝交的态度极其蛮狠嚣张。正如墨子所说:"甘井之竭,招木近伐。"老子也曾提及"象以齿焚身,蚌以珠剖体"唐伯虎的行为早早为他的结局埋下了伏笔。在他同徐霞客的祖父徐泾一同到京城参加会试后,他大放狂言自己必定是第一名。此等言论给他招致祸患,因此被牵连科场案。

唐伯虎的故事一次次警醒我们要时刻保持一颗谦虚的心,徐悲鸿的故事也一次次告诉我们谦虚的好处。

"有才而恭位让,属大才。有智而存远虑,属大智。"谦虚待人,内敛做事,是中华民族自古以来的美德。正是因为这种善于学习他人的态度,擅于谦虚待人的性格,让我们中华民族屹立于世界千年而不倒。而我们更应该发扬这种美德,并且将他们延续下去。

持之以恒　无问西东

重庆市字水中学高 2022 级 4 班◎张铭芯　指导教师◎夏银春

历史是延伸的，是文化的传承，经验的积累，也是人类文明的轨迹。每一个历史人物，每个历史事件都是轨迹中的一部分，每一部分都需要我们去追根溯源，择善而学。

回顾历史，司马迁则是万千历史人物中的领头羊，他身上的品质不只是他高尚修养的印证还代表了华夏民族的精神。他的一生跌宕起伏，虽绊倒了也无问西东地坚持梦想。始惊，司马迁于年少游历山水，他在汨罗江"偶遇"投江的屈平，明确了何为使命，他去过"气蒸云梦泽，波撼岳阳城"的洞庭，在气势恢宏的洞庭他明确了自己浩然不屈的一生，去过会稽和王羲之一起解锁生死的秘密，领悟了"人固有一死，或重于泰山，或轻于鸿毛"的生死观。他还去齐鲁观孔子的遗风，看过楚汉相争的战争……这些不凡的经历在司马迁身上刻下了深深的印记，为他不平凡的一生奠定了基础。司马迁子承父业，继任太史令，并在太初元年，为了其父的遗志开始了《史记》的写作。顺利的人生在司马迁中年时戛然而止了，为了坚持自己心中的正义，他不顾自身安危为李斯辩解，最后惹怒武帝，入狱且被处以宫刑。在阴冷潮湿的监狱中司马迁没有自暴自弃，怨天尤人，也没有慕义而死。而是咬牙拿起了手中笔继续创作，开始了他的"苟活"人生。 终醒，18 年的忍辱负重，司马迁终于铸就了史家之绝唱。

司马迁是勇于承担责任的。《史记》并不只是司马迁对父亲的承诺，还是对后人的担当。它向后世人提供治国做人的借鉴，让后人从历史中吸取教训、领悟道理。世人千万，史学家无数，只有司马迁站出来担负了这一历史职责。司马迁是持之以恒的。十八年的光阴，接近三万天，司马迁坚持不懈地伏案创作，最终十年磨一剑，凝成了《史记》。司马迁是具有求实精神的，《史记》不是小说，不是天马行空的产物，而是司马迁深入实地，认真调查考核，尊重事实，不因爱憎歪曲事实而写的巨作。正是他客观的书写，才让我们能在《史记》中邂逅鲜活真实的历史人物感受历史的真相。

审视现在，司马迁虽已逝千年，但是他的精神却永远地保存了下来。2020的春节，有的人还在为如何离开武汉而忧心时，八十四岁高龄的耄耋老人——钟南山却义无反顾地登上了去武汉的高铁，赶往防疫最前线。面对病毒蔓延，死亡的威胁，钟南山并没有停下前进的脚步，而是抓紧每一分一秒研究病毒，靠着求实精神，他绝不放弃蛛丝马迹，也接不接受一丝含糊。当之无愧是人民心中的"定海神针"，在压抑的病房里，在安静的办公室中，钟老无不一刻不为疫情的发展而担心。看着出院的病人越来越多，钟老紧锁的眉头终于松了下来，但他并没有因此松懈，无论在前线压抑的病房里还是在后方舒适的办公室，钟老始终秉持着持之以恒，无问西东的精神，为岁月静好砥砺前行。袁隆平，杂交水稻研究领域的开创者和带头人用其一生为我国水稻种植业做出了巨大贡献。一次，袁隆平的实验秧苗被破坏，"杂交水稻"事业受到重创，但他没有放弃，经过一次又一次反复实验，一遍一遍地求实确定，靠着最后几根残余的秧苗实现了杂交水稻的成功。站在领奖台，袁隆平说："我还有两个梦，一个是禾下乘凉梦，一个是杂交水稻覆盖全球梦。我的心愿是发展杂交水稻,造福全球人民。"袁隆平的不放弃，使千万人摆脱了饥饿。这两位英雄般的人，继承了司马迁的衣钵，发扬着责任意识与坚持不懈，是我们青少年学习的榜样。

不仅仅是钟南山和袁隆平，每一个中国人都在传承持之以恒，无问西东的司马迁精神。司马迁精神是历史的遗珠，中国人正确的利用了这颗珠子，并不断地让它变大变亮！

生态兴则中华文明兴

宇水中学校高 2021 级 5 班◎乔梦如　指导教师◎吴晓玲

　　早在先秦时代，古代思想家就开始思考人与生态环境的关系：儒家的"人定胜天"，杂家的"不涸泽而渔，不焚林而猎"……都给后人以无限启迪。让文明适应生态，而非让生态适应文明。人和生态环境是互相牵制和影响的，唯有华夏民族与生态环境和谐相处，才能使中华文明愈加渊源博大。

　　《留耕堂记》有言："且存方寸地，留于子孙耕"。人与自然和谐相处，古已有之，方才有了古代隐士享"松花酿酒，春水煎茶"之乐，出世之人也可享"醉后不知天在水，满船清梦压星河"之景。而在战国李冰修都江堰造就天府之国；东汉王景治水集天时地利人和，创造出治理黄河的奇迹，让滚滚黄河养育了世代代中华儿女的事例也不难看出古人与环境的相处智慧。也是在这种思想之下，中华文化不断发展进取，以东方巨龙，天朝上国之姿屹立于世界。

　　可现代社会生产力飞速发展，让人们对大自然的折服敬畏之心一减再减。以"一个萝卜千斤重""人可以让地球服海洋降，强迫宇宙吐宝藏"的宣语为口号的"大跃进"使社会主义建设事业受到重大损失。灭四害运动一度致使麻雀濒临灭绝，没有麻雀控制害虫的数量，粮食大幅减产，蝗虫数量大增，中国最后政府不得不从苏联进口麻雀来修复生态链。这是近代社会发展中血淋淋的人与自然相处的教训：这是自然对人类漠视的抱负，更是自然对人类的警告人类只有敬仰生命，敬畏自然，才能使华夏文明与生态散发本该有的馥郁芳香。

　　而能够拯救这些蒙昧无知之徒的，只有以史为鉴，吸收学习历史上同类惨痛的反面教训。人类与自然关系的衡量尺度不仅仅是用人类本身的得失利弊，更包括与之息息相关的生物链。

中华文明是建立在华夏子民与自然环境的和谐相处基础之上的，在新时代中，唯有我们秉持不忘绿水青山的初心，才能让大美中国指日可待，让中华文明继续源远流长迸发生机。青山犹在，应春意绿水长流诉古今，生态兴则中华文明兴！

照形而知今

重庆市字水中学高 2021 级◎谭敬娴　指导教师◎吴晓玲

我们对历史的无知使我们诽谤我们自己的时代。人们总是如此。

——题记

历史从来都是人们记录与诉说的依据。以史为鉴，让我们知晓这上下五千年的辉煌。它是一堆灰烬，但灰烬深处却留有余温。历史从来都不是冰冷的，当我们翻阅史书，看到的是朝代更替，兴衰盛亡。也让我们从中吸取教训。

驼铃声破黄沙路，千年古道存至今。两千多年前，张骞和他的一队人马从长安出发。在河西走廊的月光中；在那美丽的戈壁之间，穿过茫茫大漠。那风尘仆仆的驼队，在大漠上游走着，向西域带去了我们那时的中华文化,开辟了一条辉煌千年的古道——丝绸之路。在这几千年的历史长河中，丝绸之路不仅使中原与西域的交流更加频繁，更是交流货物，促进国家繁荣。一队队驼商哼着歌谣，走在这条道路上，带着满当当的货物，通往西方。上至王公贵族，下至贫民乞丐，都在这条路上留下了自己的足迹。

两千多年后，在二十一世纪的今天，习近平总书记提出"一带一路"伟大倡议。这是中国古代丝绸之路在现代的体现，加深了与各国的交流，而在新时代，我们赋予了它更多的内涵：是一条科技创新发展之路；是一条绿色发展创新之路；是一条开放共赢之路！

科技发展之路和绿色创新之路是以创新，科学，绿色为代名词，他用交通连接起来，用绿色发展为基础。不仅使人类生活发生变化，还使环境发生变化。让世界为我国的发展速度而惊叹，同时也让我国提出的"绿水青山就是金山银山"的观点越来越被世界认同。

开放共赢之路是以共赢为目标，达到双赢是成果。对参与的每一个国家都实行平等对待，共商共建共赢。共同发展，共同努力。这是作为一个大国的责任与义务。

一国共享，一路辉煌。这一条路承载着各国的梦想与期望。让我们共创未来，砥砺未来！

以史为鉴　行稳致远

重庆市字水中学高 2021 级 5 班◎李窈琪　指导教师◎吴晓玲

　　古人云："以铜为鉴，可正衣冠，以古为鉴，可知兴衰，以人为鉴，可以明得失，以史为鉴，可以知兴替。"历史是迄今为止人类全部社会实践活动的总和，包含着人类全部的成功和失败，经验与教训。为了国家更好的发展，我们通常会以史为鉴。以史为鉴，意思就是拿历史作为借鉴，从中吸取教训，就可以把握国运的兴衰。

　　十四世纪四五十年代，对于欧洲来说，是一个极为悲惨的时刻。从 1347 至 1353 年，席卷整个欧罗巴的被称之为"黑死病"的鼠疫大瘟疫，夺走了 2500 万欧洲人的性命，占当时欧洲总人数的三分之一。以国家而论，在这次大瘟疫中，意大利和法国受灾最为严重。在亲历者薄伽丘所写的《十日谈》中，佛罗伦萨突然一下子就成了人间地狱：行人在街上走着走着就突然倒地而亡；待在家里的人孤独死去，在尸臭被闻到之前，无人知晓。奶牛在城里的大街上乱逛，却见不到人的踪影……

　　这场大瘟疫直接导致了欧洲发生某些结构性的变化，动摇了教会的绝对权威，使教会对普罗大众的精神控制严重削弱。号称万能，救世的宗教和教会，在灾难面前同样毫无作为。人们开始对宗教进行重新思考和追求，并在一定程度上促进了资本主义的发展。

　　历史上大规模的疫情当然还不止黑死病，1817 年霍乱起于印度，传到阿拉伯地区，然后到了非洲和地中海沿岸。德国著名诗人在巴黎留下了对霍乱最生动的描述："当巴黎宣布出现霍乱时，许多人都不以为然。他们讥笑疾病的恐惧者，更不理睬霍乱的出现，当天晚上多个舞厅中挤满了人，歇斯底里的狂笑声淹没了巨大的音乐声。突然在一个舞场中，一个最使人逗笑的小丑双脚一软倒下了，他摘下自己的面具后，人们出乎意料地发现，他的脸色已经青紫。笑声顿时消失，马车迅速地把这些狂欢者从舞场送往医院，但不久他们便一排排地倒下了，身上还穿着狂欢时的服装。"

大规模疫情所造成不可挽回的损失使欧洲各国采取"下水道革命"，对公共卫生和地下水系统采取了改善措施，霍乱才得到有效控制。而今年的新冠肺炎疫情，中国有效地控制住了它的爆发并且在一定时间内恢复发展，显示出强大的战时动员，组织能力。虽然中国没有实行像"下水道革命"类似的政策，但它也在不知不觉中改变着我们的生活方式和习惯。

一场疫情，培养了人们戴口罩的习惯，让人们反思到了戴口罩不仅是为了保护自己，同时也是对他人负责。让这种习惯成为生活中的一部分，防疫的目的也就达到了。

同样的道理放在政治、经济、文化的领域，我们要站在历史这个"巨人"的肩膀上做好中国的发展，勇于总结经验教训，才能看得更长、更远、走得更稳、更好。当然，首先要学习古人的智慧与传统的态度。其次，要用审慎和批判的眼光去看，去粗取精，这样才能真正的学习到五千年来中华文化传承的底蕴，才能真正地做到"以史为鉴，照亮未来。"

"在政治、经济、文化的领域，我们要站在历史这个'巨人'的肩膀上做好中国的发展，勇于总结经验教训，才能看得更长、更远，走的更稳、更好。"

借历史微光　照亮前行之路

重庆市字水中学高 2021 级 6 班◎范开睿　指导教师◎邓　斌

"我们要了解整个人类社会的前途，我们必须了解整个人类社会过去的历史；我们要了解中华民族的前途，我们必须了解中华民族过去的历史；我们要了解中华民族与整个人类社会共同的前途，我们必须了解这两个历史的共同性与其特殊性"。

——题记

"一响残霞卷夕阳，血染金陵魂久啸。"这是 1937 年的南京城，在经历日军大屠杀后已杳无生气。任凭岁月的洗涤，也抹不去幸存者回忆时，那空洞的眼眸里深深的恐惧。现如今，国家公祭展示着我们不忘国殇，铭记历史，向往和平的坚定立场。

正视历史是一种对和平未来的期望。愈是看清战争的残酷，愈能激起人们对和平的渴望，所以才有了对侵略者的无限抵制和爱国者的不胜尊敬。圆明园旧址并非无法重新它昨日的美好，而是借此警惕我们不能忘记对侵略行为的抵制与戒备。云南腾冲的国殇墓志园下，埋葬着的是无数抗日卫国的英雄遗体，他们的精神受人们尊敬并且永久流传。无论是奥斯威辛集中营的悲惨往昔，还是民族英雄纪念碑的诗文云云，皆因我们的正视被赋予了对和平生活的向往期待。

不忘国耻交给我们的是守护祖国的责任，也是面向未来的准备。战争从不是来自被侵略者的过错，而是侵略者的意愿。战争所造成的苦难的伤痕，铭刻在人们的心中久久不灭。不忘南京大屠杀的屈辱历史，才有了飞速发展的强大国力；不忘血洗金陵城的残忍过往，才有了力求和平的对外观念。先辈们所经历的战争灾难，是全人类应该吸取的教训。

黑格尔"历史是堆灰烬，但灰烬深处仍有余温。"或许我们终究无法抚平遇难者们心中的深邃恐惧，也无力让所有施暴者忏悔罄竹难书的罪过。但"铭记历史不是为了记住仇恨，而是为了历史不再重演"，我们应该做的是借历史的微光，照亮前行之路。时时以史为鉴，让悲剧不再重演。

屠杀可灭　历史不灭

重庆市字水中学高 2021 级 6 班 ◎冉慕菲　指导教师◎邓　斌

　　历史，历经了沧桑的岁月，经受了风雨的冲洗，被亿万人传颂，它是见证友好，罪恶，繁荣，衰落的"目击者"。

　　听，一个声音，在绝望中呼喊着，地上洒满了鲜红的热血，天空不再蔚蓝，花草不再芳香。空气中只弥漫着炮弹激战过的硝烟味，浓烈的尸臭与血腥味，一个悲惨的世界，呈现眼前。那是 1937 年 12 月 13 日——于亿万中国人而言的世界末日。

　　83 年前，在那样一个肃杀的寒冬里，30 万南京同胞无助地倒下，而在 2020 年的今天，也许你会问，"这不过是 83 年前的事了，跟我有什么关系？"可有这么一个人，用她的一本书，用她书中的每一个文字，向全世界控诉了日军在 1937 年 12 月 13 日对手无寸铁的南京同胞进行的长达 6 周惨绝人寰的大规模屠杀。无畏艰险，她用她的行动让中国人，让世界人铭记这段悲痛。她就是张纯如。

　　1994 年 12 月，当张纯如在加州第一次看到南京大屠杀的黑白照片时，感到了无比的愤怒。在南京，的确存在大屠杀，但是为什么有人否认它，而且在所有的英文非小说类书籍里，居然没有一本提及这段本不应该被遗忘的历史？张纯如为这一现象震惊了，几乎所有的西方人都知道希特勒的罪行，却无人知晓日本人在中国进行的大屠杀。她为此感到阵阵心悸。于是她在当时那样艰难的时代，选择了用几年的时间去追寻历史真相，她坚信真相是不可毁灭的，她要让世界上所有人都知道 1937 年南京发生了什么。1997 年，这本书上市了，一时风靡，但同时也遭到了来自日本方面的污蔑，但张纯如没有退缩，她用她那铿锵的声音在世界人民面前反驳着，陈述着事实直至死亡的最后一刻。

你说这与她有关吗？她没有经历过，她与它之间隔了31年，但她却为了揭露真相，奋斗到最后一刻。只因为，这是历史，这是一段中国人伤痛的历史。我们不能忘记历史，因为忘记过去就意味着背叛，不要让时间为庸人们所设计，不要让殷红的鲜血只剩下淡淡的残梦。血已经流了，但不能让它白流。南京的大惨案依然历历在目，我们需要的不仅是黯然泣下，更应该正视这刻骨铭心的苦痛。因为真正的勇士敢于直面惨淡的人生，敢于正面淋漓的鲜血，鲁迅的担忧依旧没有过时，一个民族的精神首都仍要我们去建构与呵护。

即使在和平的今天，我们没有必要用欢愉去消除自己的悲伤，也没有必要沉浸在微末的悲痛中，我们应该以史为鉴，正视历史的烙印，以史为鉴，勿忘来路，让和平的阳光洒满人间，照进每一个人的心中，照亮美丽世界的未来！

愿和平的钟声永不消逝

重庆市字水中学高 2021 级 6 班◎毛俊阳　指导教师◎邓　斌

如果丧失对历史的记忆，我们的心灵就会在黑暗中迷失。

——题记

世界上的不少地方，纪念世界反法西斯战争中死难烈士的墓前都有一簇永不熄灭的火焰，象征着一种不泯的英烈精神。为实现和平，顽强不屈的生命永不向侵略者低头，血战到底。火焰长明，和平永驻。习近平总书记在中国人民抗日战争暨世界反法西斯战争胜利 70 周年纪念大会上说："战争是一面镜子，能够让人更好地认识和平的珍贵。"的确，没有战争的衬托，也就没有和平的宝贵。硝烟弥漫，烈火燃烧，血流成河……那触目惊心的一幕幕，没有人愿再想起。愿和平的钟声永不消失……

战争是痛苦的代名词。第一次世界大战历时四年多，三十多个国家、15 亿人口被卷入了战争，它对人类造成了巨大的物质和精神上的损害。按当时的美元计算，参战国直接经济损失高达 1805 亿美元，间接经济损失也达 1516 亿美元。战争主要发生在欧洲，有人估计，欧洲的工业生产水平至少倒退了 8 年。而二十世纪中期的第二次世界大战，给各国再一次带来沉重打击。在这场大规模战争中，带走了九千万无辜的生命。当这些血淋淋的数字摆在人类面前时，难道不应该反思吗？！正如董卿老师所说"枪响之后，没有赢家。"历史用残酷的事实告诉我们，战争的创伤是人类最惨痛的教训，只有深刻的反思战争，我们才能更好的维护和平。所以我们更应当以史为鉴，珍惜和平。

和平是发展的摇篮。胜利的成果，是拥享和平的希望，预示着人类社会的新生。《联合国宪章》《开罗宣言》《波茨坦公告》……一系列国际法律文件筑起维护战后公平正义、遏制并清除法西斯主义的堡垒。非殖民化运动兴起，亚非拉民族独立解放事业蓬勃发展，广大前殖民地国家相继赢得独立，并逐步发展起来，更为塑造和平国际秩序注入无穷力量。中国作为国际大国，始终坚持和平发展道路，坚持"人类命运共同体"理念，以合作取代对抗，以共赢取代零和，是当之无愧的世界和平捍卫者！作为新青年的我们，不仅要做和平的守卫者，更要做和平的领路人，我们的足迹必将留在历史的征程上。所以我们应"将振兴中国之责任，置之于自身之肩上。"

　　"铭记历史不是为了记住仇恨，而是为了让历史不再重演。"历史是最好的教科书，也是最好的清醒剂。世世代代铭记历史，和平的生命之火方能长明不泯。

国　殇

——祭奠南京大屠杀

重庆市宇水中学（东区）初 2021 级 6 班◎林　灵　指导教师◎陈登会

历史，历经了沧桑的岁月，经受了风雨的冲洗，被亿万人传颂，它是见证友好，罪恶，繁荣，衰落的"目击者"。

在中国的历史上，曾有一段天昏地暗，流血成河，哀鸿遍野的历史事件——南京大屠杀。

南京大屠杀，人类历史黑暗的一页；南京大屠杀，使南京变成人间地狱的真正元凶；南京大屠杀，一个骇人听闻沾满鲜血的字眼；南京大屠杀，30 万中国人生命的终点；南京大屠杀，一个"落后就要挨打"的有力见证。

1931 至 1945 年中国抗日战争期间，"中华民国"在南京保卫战中失利、首都南京于 1937 年 12 月 13 日沦陷后，在华中派遣军司令松井石根和第 6 师师团长谷寿夫指挥下，侵华日军于南京及附近地区进行长达 6 周的有组织、有计划、有预谋的大屠杀和奸淫、放火、抢劫等血腥暴行。在南京大屠杀中，大量平民及战俘被日军杀害，无数家庭支离破碎，南京大屠杀的遇难人数超过 30 万。南京大屠杀是侵华日军公然违反国际条约和人类基本道德准则，是日军在侵华战争期间无数暴行中最突出、最有代表性的一例，没有之一。其中，19 万人被集体屠杀。

当时的南京，满城到处都在杀人，街道上，城墙下，江边，都是遇难同胞的尸体，江水都泛红了……

日军滥杀无辜，手段残酷，丧心病狂。有的往难民身上先浇汽油，后用枪扫射，枪弹一着人身上，火光随之燃起，被弹击火烧之难民，挣扎翻腾，痛苦之极，日军则鼓掌狂笑……

我们中国是不会忘记这一次的教训，我们要缅怀无辜死难者，坚定不移走和平发展的道路，宣示中国人民牢记历史、不忘过去，珍爱和平，开创未来的坚定立场！南京大屠杀的耻辱，对中国人而言是极大的打击，建立南京大屠杀死难者国家公祭日，是让我们永远记住这个惨痛的国家耻辱！

南京大屠杀死难者国家公祭日，纪念历史，告慰亡魂，祭奠先烈，以史为鉴，让白骨得以入植，让冤魂能够安眠，把屠刀化为警钟，把逝者名字刻作史鉴，让孩童不再恐惧，让母亲不再悲泣，让战争远离人类，让和平洒满人间，一切爱好和平的团体和人士团结起来，为建设一个和平、和谐的新世界共同努力、一起奋斗！浴火重生，才是骄傲的凤凰；卧薪尝胆，成就一代的霸主；经历坎坷，塑造伟大的民族；历史屈辱，警醒世代的华人；不忘国耻，捍卫祖国的强大。南京大屠杀纪念日，铭记历史，为中国的崛起而奋斗！

青蓝与冰水

——《楚汉之争》有感

重庆市字水中学（东区）初 2021 级◎陈钞杨　指导教师◎陈登会

　　"汉"对于新时代的我们来说多是指汉族。而汉族作为我国人口最多的民族，是中华民族的主体民族，也创造了许多辉煌的成果。而汉族旧称汉人是因中国古代王朝汉王朝而得名的。汉朝是继秦朝后的又一个大一统王朝，它的建立直接得益于汉王刘邦在楚汉之争中的胜利。

　　楚汉之争是反秦起义军中的西楚霸王项羽和汉王刘邦为争夺帝位而进行的战争，最终以项羽兵败、乌江自刎和刘邦建立西汉王朝而结束。项羽和刘邦分别是击败秦军主力、推翻秦朝统治的重要功臣，项羽更是起义军领袖、杰出的军事家。但他们的出身和个人能力有所不同，项羽家族世代多为楚国将领，项羽也从小习武，而刘邦只是一介平民，出身农家。在对秦作战上，项羽作为北上救赵、大破秦军的主要将领，在巨鹿之战中消灭了秦军主要力量，骁勇善战；而刘邦率领的西行伐秦的起义军在咸阳附近消灭秦军，并接受了秦王子婴的投降。从身份背景和个人力量来说，刘邦是不如项羽的。但最终刘邦在楚汉之争中胜利。这说明一个人能力的大小并不能直接地左右他的成败。

　　而在我们看来，项羽失败的关键原因是他的性格问题。项羽是个残暴的人，从刘邦和他分别进入咸阳城后的举措就可以看出。刘邦进入咸阳城后，虽然也曾想过住在秦宫殿里享受一下，但在张良等谋士的谏言下，刘邦还是退到灞上并与关中秦民约法三章——"杀人者死，伤人及盗抵罪，余悉除去秦法。"而项羽进入咸阳城后，烧阿房宫，杀秦王子婴，后来还不顾"先入定关中者王之"的约定，自封为西楚霸王，封刘邦为汉王并不断打压刘邦。但项羽拥兵自重，刚愎自用，一味依赖武力，不会知人善任、不笼络人才，以致韩信等人才归汉，范增等谋士离开。反观刘邦，他会听谋士有道理、有益的劝诫，善于招揽和笼络人才、收揽民心，最终由弱变强，击败项羽。由此可以看出，听取他人意见的重要性，我们不能骄傲自大、一意孤行。正如《史记》中所说"智者千虑，必有一失；愚者千虑，必有一得。"我们不能骄傲自大、居功自傲，也不必妄自菲薄。

从项羽失败后的结局来看，他虽然被围困垓下，但最后仍有机会回到江东、重新发展。可是项羽最后选择自刎江边。杜牧在《题乌江亭》中写道："胜败兵家事不期，包羞忍耻是男儿。江东子弟多才俊，卷土重来未可知。"如果项羽选择忍辱负重、回到江东，那么楚汉之争的结果还很难说。这也告诫我们在面对困境时，不要直截了当地放弃，一定要满怀希望地搏一把，从大局上考虑，或许还会有转机和出人意料的结果。

"青，取之于蓝而青于蓝；冰，水为之而寒于水。"中华民族悠久的历史中有成功的壮举，也有失败的遗憾。作为中华民族的一员，我们要以史为鉴，谨记教训，发扬长处，面向未来！

勤奋学习　书写人生传奇

重庆市字水中学（东区）初 2021 级七班◎龙宇涵　指导教师◎陈登会

在慢慢的历史长河中，有着无数才子，他们知识渊博，相貌堂堂，或许他们一个个都能说会道，眉清目秀，可我还是喜欢左思。

左思是西晋的文学家，才识出众，却出身贫寒，容貌丑陋，腹有学识但不善口言，所以朋友很少，常闲居家中。

左思小的时候，自己不善学习，怎么也学不好书法，字形扭曲，学习古琴是连入门的技巧都不会，故而受到许多人的嘲笑与轻视。他的父亲总说左思比不上自己小时候。左思听得父亲十分悲伤，知耻而后勇，天天勤学苦练，博览群书。在学习方面便有了极大的成就，用自己的勤奋和努力改变了别人对自己的看法。

"复欲赋三都，遂构思十年，门庭潘溷 [hùn]，皆著笔纸，遇得一句，即使疏之。"十年之间，左思踏实写作，想到一句写一句，在门前，篱笆，厕所，摆放纸笔。最后创作出《吴都赋》《魏都赋》《蜀都赋》惊人之作。

"及赋成，时人未之重。思自以其作不谢班张，恐以人废言，安定皇甫谧 [mì] 有高誉，思造而示之。谧称善，为其赋序。……于是豪贵之家竞相传写，洛阳为之纸贵。"左思不仅聪明，还善于借助外部条件，因为他的自信，人人都了解知道《三都赋》，使豪贵之家都去抄写，也便有了洛阳纸贵的成语。

我们每一个人，都像左思从前一样不完美。我们应该承认自己的不足，像左思一样正视自己，扬长避短。玻璃平整，在显微镜下也是坑坑洼洼；手掌不大，放在放大镜下，也是高山大川。只有扬长才能避短，只有避短才能更好地扬长。再小的缺点也力求改正，再小的优点也努力发扬，只要努力成长，勤奋地做每一件事，我们人人都可以是下一个左思。

琢玉成器

——于史中见豁达

重庆市字水中学东区初 2021 级◎秦 翊　指导教师◎陈登会

苏东坡，一个家喻户晓的名字；东坡肉，一道人人皆知的名菜。但有多少人知道，是什么造就了苏东坡和东坡肉？

苏东坡本名苏轼，字子瞻，号东坡居士。他有着严父慈母，和仕途知己欧阳修。他经历过王安石变法，做过通判、知州，凭借从小积累的智慧，巧妙地治理好黄河水患。当然，他的一生有得意，也必有失意。在变法、改制的转折关头，乌台诗案降临了，他不幸遭小人弹劾，被迫关押了一百多天。不幸中的万幸，一直看中其才能的宋神宗，派人暗中激励他。关押结束后，他被贬黄州。

黄州的经历造就了苏东坡，同时也造就东坡肉。

他被贬后已无具体官职，生活拮据，他家二十多口人只能挤在朋友"推荐"的废弃驿站里，冬冷夏热，家里人没吃喝，靠积蓄勉强维持生计。他难道就从此懈怠了吗？他仍一如既往地喜爱交友，为解决物质问题，号召全家种田，他自己也在其间不亦乐乎，并在那段日子摸索出了一道前所未有的佳肴——东坡肉。

自古英雄多磨难！多亏了苏轼父母从小对他的教育，才有如此乐观、谦逊的他。他的伟大成就是我们有目共睹的。他成就的高峰，出乎意料地出现在被贬黄州的日子。众所周知，《念奴娇·赤壁怀古》就在那时诞生，他的豪情，在诗中表现得淋漓尽致。

回想历史长河，多少英雄豪杰，不是出自磨难？"宝剑锋从磨砺出，梅花香自苦寒来。"不向命运折服，勇敢面对挫折，才能使我们年轻一代承担起中华民族复兴的重大使命。"一个有希望的民族不能没有英雄，"让我们以史为鉴，做自己的英雄，做国家的英雄！

大土改　小道理

重庆市字水中学（东区）初 2021 级 10 班◎欧语涵　指导教师◎陈登会

历史是一个国家的文明河流，历史是一个国家的真实写照，学习历史，读懂历史，牢记历史。我们要从历史中吸取教训，总结出经验，为之后的道路做铺垫。

"外公外公，你们小时候是怎么样的呀？"我搬上我的小凳子，坐在外公身旁，听外公给我讲述他们当时的生活。

"外公小时候可没你这么幸福，像你这么大一点儿（大一点儿：在乡村口语里，是"小"的意思）就要去地里帮大人干活了……"外公告诉我，"我们的祖辈是从现在的河南省迁到重庆来的，之后一直到现在都定居在重庆。可途中有一次搬迁，当时，嗯，是抗日战争时期，我家周围可以食用的食材越来越少，土地变得贫瘠，家人们常常吃了上顿没下顿，不得不在 1944年左右从当时居住地长茅岭搬迁到了小溪沟。"在小溪沟，外祖父一家的生活得到了一点儿改变。

在 1947 年 9 月，在河北省西柏坡的中国共产党制定了土地改革政策：没收地主土地，为无土地或少土地的农民分发土地，让吃不到饭的农民生活得到改善。在后来外祖父家也得到了分配的土地，家里的人对劳动更加主动，更加热情，生活也得以改善。中华人民共和国成立以后，颁布了《中华人民共和国土地改革法》。这是根据我国成立后的国情，将过去征收富农多余土地财产的政策，改变为保存富农经济的政策，以便更好地孤立地主，保护中农和小土地出租者，稳定民族资产阶级，以利于早日恢复和发展生产。《中华人民共和国土地改革法》的贯彻执行，保证了广大新区土地改革任务

外祖父的老屋，响应国家退耕还林政策已经拆迁

外公外婆那边的耕地，四周被绿水青山环绕

的胜利完成。至此，我国存在两千多年的封建剥削制度被彻底摧毁，地主阶级也被消灭，而新生的政权也得以巩固。

党这一举措让我悟到了很多。我们的生活不就应该这样吗？学习上亦是如此，根据自己的学习现状，制订自己的学习计划，让自己的学习成绩得到提高。如果我的英语听力差，我可以多听听英文歌，看看英文电影；如果我的数学计算题不好，我会认真计算，一步一步检查有没有出错的地方。

"知己知彼，百战百胜。你既要知道自己，也要了解对手。"外公常常对我说道。分析自己的优缺点也是一门艺术，学会改善自己的缺点，保持自己优点。根据自身情况制订适合自己的计划，跟着计划一步步前进，你将会成就更优秀的自己！

人生当能"背水一战"

重庆市字水中学（东区）初2022级◎曾杨靖　指导教师◎徐　敏

公元前204年10月，汉将军韩信率军攻赵，穿出井陉口，命令将士背靠大河摆开阵势，与敌人交战。韩信以前临大敌，后无退路的处境来坚定将士拼死求胜的决心，结果大破赵军。从此，"背水一战"便成为人们耳熟能详的著名典故。

这个典故告诉我们，人们在追求理想、事业、成功的道路上，总是会遇到困难和挫折。有的人会把这些困难当作放弃的理由，而有的人会把它当作试金石，他们会在看似高不可攀的困难面前，通过激发自己的潜能而战胜它，使得自己在理想、事业方面取得不俗的成功，并以此为基石，向更高更难的目标发起挑战。而前者，只能不停地放弃和更换自己的理想和事业，最终一事无成。

想想开国的那场"国运之战"——抗美援朝，那时我们的对手是以美国为主的十六国联军，有着坦克装甲车机械化部队、进行海陆空立体式协同进攻。而我国呢？刚刚成立，几乎是一穷二白。但就是在这种绝境下，我党毅然决定响应金日成的请求，派志愿军入朝作战，并最终取得这场战争的胜利。抗美援朝的胜利，为中国争取到了相当长时期的和平建设的环境，更是宣告"帝国主义列强在中国的海岸上架几尊大炮，就能控制这个国家的历史，一去不复返了。"

取得巨大成功的人，在外人看似几乎不可克服的困难面前，凭借自己超乎常人的坚毅，最终胜利。我们少年之辈，应当去学习这些人，尤其目前我们的性格存在可塑性，要多读多看多学那些激励人生奋斗的范例。正所谓"西伯拘而演《周易》；孔子穷而作《春秋》；屈原放逐而赋《离骚》；左丘失明厥《国语》；孙子膑脚而作《兵法》；不韦迁蜀，世传《吕览》；韩非囚秦而作《说难》《孤愤》；太史公宫刑而著《史记》。这些人忍辱负重，在自己的人生中"背水一战"，青史留名。所以，我们不能以自己年龄小作为放弃的借口，我们不能以得过且过的态度作为放弃的理由，我们更不能以转移困难给其他人作为解脱自己的出路。我们要消灭自己的惰性，要以积极行动来应对困难；我们要努力学习充实自己，才会在困难来临之时不至于束手无策；我们要建立乐观的人生观，才会在困难来临之时不至于颓废低迷，连应对的勇气都没有；我们要灵活运用自己的思维，才不至于在苦难来临之时方法过于单一；我们更要锻炼自己的韧性，在困难面前，绝不放弃。我们一定要努力起来，因为社会需要我们、祖国需要我们，我们要以"背水一战"的精神塑造自己精彩的一生。

不羁——李白

重庆市字水中学（东区）初 2022 级◎白雨晗　指导教师◎徐　敏

在"星辰月落日闻香"中，还闻得见淡淡的酒香；在千娇百媚的花丛中，还听得见那浪漫的诗行；在那无垠的原野上，还看得见那不羁的身影；在宝剑的青光里，还看得见湿漉漉的脸庞。

是他，那个不羁的李白！

当岁月的浪潮洗去了昔日的尘埃，满腔的抱负只能在心底徘徊。只因你的不羁，世俗的官场便容不下你。罢官就罢官吧。"揄扬九重万乘主，谑浪赤墀青琐贤"，你狂笑一声，便在酒香深处绽放了一株青莲。

白鹿置于青崖，须行即访名山。纵然是"抽刀断水水更流，举杯消愁愁更愁"，也要带上一壶酒、一把剑，"举杯邀明月，对影成三人。"在那皎洁的月光中舞剑独饮，与明月交谈；在明月、自己、暗影中找到了永恒。

你狂、傲、浪漫，你可以与太白星交谈。

你飘逸，你空灵，你可以独自一个无拘地狂笑。

你的脸似乎一直带着笑容，其中，竟有那么一抹无奈！是命运弄人？你一生在追求的梦想，它却越来越远。"一朝去京国，十载客梁园。"心中即使有再大的悲苦，也只能提笔，让一个个情感跃然纸上。

即使再文武双全，你也是一个凡人，有悲也有喜。在人生的逐梦中郁郁不得志，只能远离那喧嚣的繁华，浪迹天涯，与诗酒为伴。

安史之乱起，你因参加永王幕府而被流放夜郎。虽是"平生不下泪，于此泣无穷"，但依旧兴酣落笔，傲临沧海。因为，你心中始终有一个信念："长风破浪会有时，直挂云帆济沧海。"

虽然你一直笑着，那其中盛满的苦涩与哀愁让人心痛；虽然你始终不羁，但隐藏的失望与无助让人心疼；虽然你不一定认为诗歌是你最好的归宿，但你却在诗的洗礼中得到永恒。

在江南纤弱的歌声中，你依稀看到了路的尽头，看到了深夜中忽明忽暗的点点烛光。于是，你长声一笑，随风而逝，一生也如枫叶一样飘落，化作了诗行中的豪情、柔肠。

千年后的我们，透过那诗篇无数，能见你饮酒狂歌、不羁无畏的人生，更能感受你那永不停歇的追求与努力，这，才是最珍贵的吧。

酒中诗仙

重庆市字水中学（东区）初 2022 级◎陈栎伊　指导教师◎徐　敏

"天子呼来不上船，自称臣是酒中仙。"杜甫的诗，让我眼前浮现出一位豪放不羁的酒中诗仙。那个人站在中华灿烂文化的山峰之巅。他的才华在于他的诗豪迈奔放，在于他在世俗面前，不畏权贵的反抗精神，和率性洒脱的真性情，他就是李白。

小时候，背得最朗朗上口的诗句便是李白的"床前明月光，疑是地上霜，举头望明月，低头思故乡"，那时候不知道乡愁是什么，只是似懂非懂的寂寞的感觉。

随着年龄的增长，渐渐的李白的身影，频繁地出现在我的生活中。《独坐敬亭山》群鸟高飞，无影无踪，孤云独去，自游悠闲，你看我，我看你，彼此之间两不相厌，只有我和眼前的敬亭山了。在这短短几句中，你表达出了自己的孤独和无奈。《春夜洛城闻笛》是谁家精美的笛子，暗暗发出悠然的笛声，随着春风飘扬，传遍洛阳全城。就在今夜的曲中听到故乡的《折杨柳》，哪个人的思乡之情不会因此油然而生呢？《黄鹤楼送孟浩然之广陵》与友人在黄鹤楼告别，友人的孤船帆影，渐渐地远去，消失在碧空的尽头，只看见一线长江，向邈远的天际奔流？《峨眉山月歌》高俊的峨眉山前悬挂着半轮秋月。流动的平羌江上，倒映着精亮的月影。夜间乘船出发，离开清溪直奔三峡。想你却难相见，恋恋不舍去向渝州……

他是诗人，是个惊世之才，那卓绝而又超凡脱俗束缚的诗，将整个盛唐的繁荣与自己所想与所见描述得淋漓尽致，他的孤独只在自己的诗中流露，对月饮酒，舞剑吟诗。

我喜欢李白，喜欢他的傲慢、喜欢他的自信、喜欢他的才华、喜欢他的乐观、喜欢他的潇洒、喜欢他的诗歌。穿越千年，我依然能与他相逢，就在这带有微微醉意的一诗一句一词一字之中，那便是无限的欢欣了。

女孩儿　相信自己你可以很棒

重庆市字水中学（东区）初 2022 级◎雷浩艺　指导教师◎徐　敏

扫眉才子知多少，管领春风总不如。

——题记

大江东去浪淘沙，千古风流人物，将历史的长卷慢慢展开。东晋时的谢道韫"心如海阔，德如玉润，处能对刀丛"；唐时的薛涛"惆怅庙前多少柳，春来空斗画眉长"；宋时李易安"词苑千载，群芳竞秀，盛开一朵女儿花"……

我喜欢谢道韫。那一年的冬天，天空中雪花纷纷扬扬，谢家子弟正围坐在谈诗论文。她吟出了咏雪名句"未若柳絮因风起"，被后人称为"咏絮之才"。后又在孙恩之难时用自己的义正词严，毫不畏惧，保子女后代幸免于难。始终保持着林下之风气。

我敬佩薛涛。在那无忧无虑的童年中，她性聪慧、思敏锐、心玲珑，小小年纪就能诗能赋。虽然后来因为家庭的变故，她含泪做了官伎，但因其才华而来的慕名者，远至蜀中到京都，上从官员到才子，比比皆是。是一位"扫眉才子知多少，管领春风总不如"可评值的女校书。

我赞颂李清照。那次雨夜之后，雨还带着自己的余韵稀疏的下着，但风却劲吹不停。她沉浸在未消的余醉之中，侍女说海棠花依然与昨天一样，但李易安一语驳回"知否、知否？应是绿肥红瘦"。就是这样一个既有巾帼之淑贤，更兼须眉之刚毅的女文人。她的精神和人格魅力都让人心醉，不愧能与辛弃疾并称为"两安"。

多少年过了去了，木兰的声音依旧穿透历史而来："朔气传金柝，寒光照铁衣"。多少年过去了，秋瑾的声音依旧穿透风雨而来："不惜千金买宝刀，貂裘换酒也堪豪"。作为新时代的女孩儿，我们不仅仅"以秋为姿、以诗词为心"；不仅仅蕙兰心质，德润如玉，更应该拥有"身为女子，志似男儿"的豪气，置身历史，放眼未来，女孩儿，也可以很棒！

本文古诗词出处：

1. 心如海阔，德如玉润，处能对刀丛——《赞魏晋才女谢道韫四联》
2. 惆怅庙前多少柳，春来空斗画眉长——薛涛《谒巫山庙》
3. 未若柳絮因风起——《世说新语》
4. 扫眉才子知多少，管领春风总不如——王建《寄蜀中薛涛校书》
5. 知否、知否？应是绿肥红瘦——李清照《如梦令·昨夜雨疏风骤》
6. 朔气传金柝，寒光照铁衣——《木兰诗》
7. 不惜千金买宝刀，貂裘换酒也堪豪——秋瑾（清）《对酒》

风华美人

重庆市字水中学（东区）初 2022 级◎秦渝涵　指导教师◎徐　敏

1600 多年前，她，谢道韫，东晋人，陈郡谢家与琳琅王家齐名，号称钟鸣鼎食之家，诗礼簪缨之族，两家合称"王谢"。翻开诗书"旧时王谢堂前燕，飞入寻常百姓家。"那便是他们。

步入中学，对她的第一印象还要来源于"咏柳"这篇课文，当时只是觉得她有着深厚的家世，温馨的家庭，还寻了个良夫。又怎会知道那表面荣光下会有那样的饱经风霜。

出嫁的年纪到了，她嫁了，嫁的是王凝之，都说王羲之书法独步天下，儿子个个风流儒雅，器宇轩昂，可她的夫君却略显愚钝，迂腐，他与她仿佛不是一个世界的人，想来这正是寒风中战栗的老槐与风雪中傲雪欺霜的寒梅的碰撞吧。

"书中自有黄金屋，书中自有颜如玉。"读书人大多带着书卷气，正如"腹有诗书气自华"一般，慧黠幽默，充满了睿智，在那俗世的天空中散发出熠熠的光辉。

隆安三年，谢恩叛乱，谢道韫抱着年幼的外孙，杀出重围，但一女子又怎敌得过那数量众多的战士呢？终是寡不敌众，被虏。在生死之间，她面不改色，不会因生死而动摇和恐惧，没有什么能改变她的风骨，她对自己操守的坚持。那是智慧的沉淀，是深入骨髓的高贵，在她的灵魂中，是那傲人的傲气与高贵啊！衣袂飘飘，青丝飞扬，在那困境中有的还剩什么呢？这答案想来不言而喻。

孙恩被她的气节震住了，他不敢杀她，终是活下来了。但，物是人非，她把家中打理妥当，挂上素帘，为学子解惑，传道授业，受益学子不计其数。

其实谢道韫最令人钦佩的，不是美貌，不是文采，而是任世界千变万化，波澜起伏，却宠辱不惊的淡定，是生死之间都面不改色的淡定，她用她的一生诠释了什么叫"巾帼不让须眉"。

孟庆果曾评价她说："若有诗书藏在心，岁月从不败美人。"《三字经》中也曾记载"蔡文姬，能辨琴，谢道韫，能吟咏，彼女子，且聪敏，而男子，当自警。"

我想谢道韫用她的一生诠释了，什么叫"岁月从不败美人"。我想在以后的日子里，身为女孩子的我，也应该挺起自己的胸膛走下去，无愧他人，无愧于己！

在品读中领略历史的风情

重庆市字水中学（东区）初 2022 级◎王 娜 指导教师◎徐 敏

当清晨的第一缕阳光透入室内，洒至书桌旁，印得书上那"历史"二字熠熠生辉，格外引人注目。让人不禁停下了匆匆前行的脚步，细细品读，随这朴实无华的文字，再回到那个朝代，领略一番别样的风情。

以史悟治国方针

历史的车轮转动着，世间万物无不在发生着变化，历史上不知有多少王朝被推向了鼎盛的极点，成为当时的泱泱大国，却又一步步走向衰亡？想当年秦朝，统一六国，结束了春秋战国以来数百年的战乱纠纷，使动荡不安的社会得以重回稳定，这样的壮举，如此的功绩，想必一定能得百姓拥护吧？就连秦始皇自己也认为，秦朝一定能持续千秋万代，可又有谁能料到，这样一个朝代，最终却因为统治者的残暴不仁，致使存在不过数十年，便被百姓推翻？反观秦朝之后的西汉，汉高祖刘邦能认识到秦朝覆灭的真正原因，采用"休养生息"政策，大力恢复农业发展，之后的汉文帝、汉景帝亦是如此，采用"轻徭薄赋"的政策，鼓励百姓发展农业，这才会出现"文景之治"的一片繁荣景象，使西汉的统治日益繁盛。

而将秦朝和汉朝进行对比，导致两朝最后结果出现巨大反差的关键原因是他们对待百姓态度的不同——"水能载舟，亦能覆舟。"古往今来，能够真正管理好自己的王朝，使其达到繁盛景象的帝王无不做到关注民生，注重民心——正所谓"得民心者得天下，失民心者失天下。"能否真正意识到百姓所需，才是一个合格的帝王能否保障王朝稳定的关键。

以史品英雄情怀

历史的钟摆晃动着，中华上下五千年的历史，不知培育了多少优秀的中华儿女，为了祖国的未来前仆后继？在南宋初年之时，金军几次大举南下，危及王朝统治，更损及百姓生存？纷纷奋起反抗。当时有一名杰出的抗金将领——岳飞率领南宋兵民，奋力反抗，一路向北，从金军手中收复了不少失地。最著名的应该是郾城一战，岳飞手下的岳家军大败金军，并乘胜追击，迫使金军后撤。然而，就在南宋有望收复中原之时，宋高宗和权臣秦桧害怕抗金力量日益壮大，威胁到自己的统治，选择向金军求和，下令岳飞班师，并以莫须有的罪名杀害了岳飞。忠臣岳飞就此陨落，着实令人感慨万千，遗憾不已。然即使时光能倒流，历史能够重塑，恐岳飞也难以抗金成功，南宋也难回中原——君臣不同心，就算岳飞不被以莫须有的罪名杀害，最后恐怕也难逃一死。

不知不觉，时间以过去良久，合上书，封面上那"历史"二字，更显沉重——在漫漫历史长河中，学会以史为鉴，方可以更好的姿态，面向未来。

千古才女李清照

重庆市字水中学（东区）初 2021 级◎李艳秋　指导教师◎邹　红

如果生命注定要我承受，就请所有的痛苦都一起降临吧！即使身躯被碾成粉末，可我不屈的灵魂却依旧高傲地飞舞！

——题记

你，以平民之身，思国家大事，以女人之躯，求人格平等。你用隽永的诗词，书写了你不屈的灵魂。

兴尽晚回舟，误入藕花深处。——你，年轻时是大家闺秀，精通琴棋书画，称得上才女一枚，那时你的生活幸福、美满，有相亲相爱的家人，知心知意的朋友，总会和友人们一同出门玩耍。对诗、赏花、赛琴……你一点儿也不逊色，总是让人们惊艳。那是怎样一种幸福。

但不幸的是，你生活在一个战乱的年代。

凄凄惨惨戚戚。——你，为人妻时，与丈夫分别两地，对丈夫的思念使你日渐消瘦。丈夫赵明诚与你是两情相悦，去只是有缘无分。那一年，你的夫君在战火中离开了，只留下你一人孤雁做伴。丈夫的离去又让你原本美好的爱情生活收到了打击，那是怎样一种煎熬！

可你却没有被命运折磨而死，而是坚强的活了下来。

生当作人杰，死亦为鬼雄。——你是一个充满爱国热情的女人，即使是那样的日子，你依然坚持作诗，汲取诗的精华，关心着国家之事，用手中的笔写下了那一份份爱国热情。接着生命中的亲人也渐渐离开人世，只留下你一人在这充满硝烟、腐败不堪的王朝中踽踽独行，那是怎样一种辛酸！

在祖国繁荣昌盛的今天，我们仍该学习李清照这样爱国爱民的精神，努力学习，我们是祖国的希望，也是祖国的未来，要努力担起振兴中华的重任，加油，中国少年！

历史的魅力从"斗彩鸡缸杯"开始说起

重庆市字水中学（东区）初 2021 级◎朱瑞霭　指导教师◎邹　红

成窑酒杯，没对至博银白金。

——题记

成化元年，乾隆皇帝欣赏宋代人画的《子母鸡图》，母鸡不辞辛劳护卫幼雏的伟大母爱与"仁德"精神之赞颂。明宪宗想起年少时万贵妃照顾他的岁月，而母鸡的呵护更使他联想到成化初年贵妃那令人遗憾的丧子之痛。也正因如此成化皇帝萌发了要制成成化斗彩鸡缸杯的心愿。

鸡缸杯为当代罕见的明成斗彩精品，落款吻合，工艺精美，颜色内外均匀一致，整个杯面颜色与光线投射下，黄绿红多变，为的是无法被仿制，不可多见之精品。

"宁存成窑，不苟富贵。"成化工窑瓷器受人追捧程度可见一斑。自明代以来，鸡缸杯便被视为千金难买。成化鸡缸杯曾于 1980 至 1999 年拍卖，均刷新中国瓷器世界拍卖纪录。类似在 1999 年在香港苏富比上拍出 2917 万港元，刷新了中国瓷器世界拍卖纪录。由于鸡缸杯色彩缤纷鲜明，绘画率真可人，被业界称为神品。

前些日子去三峡博物馆，便在鸡缸杯前驻足了许久。它

同许多成化瓷器一同陈列，小小的一个却占据了我心里的所有位置。成化真款，显有一层云朦，有气泡如珠，字的青花色晦，亦显涣散，胎色微透黄或白色闪青，底足釉砂相连处少微黄色。600多年前，明成化能制出如此绝类之作，实在是让我惊叹不已。

随着时代的变迁，人们对美的追求变得新潮，注意这些经典之作的人少了，继承的人也少了。某地的网红打卡点爆满，而博物馆等清雅之地却是寥寥几人……市价将鸡缸杯的身价炒得如此之高，却又有几个人是真的欣赏了，了解了，并热爱鸡缸杯，还是说因为那是出土文物，所以如饥似渴。博物馆内，多的是人拍完照片感叹一句"好美"变出馆的人，却又有几个人愿意在自己喜欢的文物中驻足观赏，彻谈历史？

历史是悠久的，在喊口号"我爱历史"的同时，停下脚步感受一下历史的魅力，它将教会你，净化你。

与历史同行，与时代俱进。

——谨记 成化斗彩鸡缸杯

以马首过往见证沧海桑田

重庆市字水中学（东区）初 2021 级◎向燚婷　指导教师◎邹　红

马首铜像，十二生肖兽首铜像之一，原本是圆明园海晏堂外的喷泉的一部分，铸造于清朝乾隆年间。它位于喷泉左方，排列第三。其造工精美，栩栩如生，毛发的刻画也细致动人。而鬃毛的自然铺叠和流利的条理更是一绝，这在其他兽首上是很难见到的。

在 19 世纪的时候，清政府昏庸无能，腐败。这燃起了帝国主义的狼子野心，盯上了我们。1860 年 10 月 5 日，英法联军兵临北京城下，他们绕抄安定门、德胜门，进犯圆明园，圆明园惨遭劫掠焚毁，并将圆明园洗劫一空。马首铜像与其他 11 尊兽首铜像一同流失海外。在 2007 年 9 月，何鸿燊先生，以高度的家国情怀与责任担当，慨然出资抢救流失文物，结束了马首铜像百余年的离散漂泊。2007 年 9 月 20 日，马首铜像在香港被爱国人士何鸿燊以 6910 万港元成功收回并捐赠给国家。之后马首铜像一直在港澳地区公开展示，为增进港澳同胞对祖国文化的了解、弘扬爱国主义精神发挥了积极作用。

那么，为什么铜像会被掠夺呢？为什么圆明园会被烧呢？为什么英法联军这么容易攻进来呢？答案只有一个：清政府昏庸无能，政府腐败，太骄傲自大，自以为是。政府不加强兵队战斗能力，不提高国防，就吸着鸦片，怎么不容易被侵略呢？不过，这已经是过去式了。自改革开放以来，中国不断的成长起来，发生了巨大的改变，演绎沧海变桑田。成为世界第二经济体。

以史为鉴，面向未来。

我们要牢记历史，不忘过去，珍爱和平，开创未来。让我们大力弘扬中华民族的伟大民族精神，发挥自身优势，促进祖国统一，抓住机遇，奋发图强，聚精会神搞建设，一心一意谋发展，为实现中华民族的伟大复兴和祖国的完全统一而努力奋斗。

追忆圆明园

重庆市字水中学（东区）初 2021 级◎白晨然　指导教师◎邹　红

　　圆明园为清朝统治者集中全国人力物力，建成的一座规模空前的一处山水行宫。但在 1860 年，如夜明珠般的它破碎了。被侵略者破坏了。他们为何如此？目的，价值又在何处？

　　圆明园始建于康熙四十年，是圆明、长春、绮春　三园的统称。它占地面积为 350 公顷。它集中了中国南北文化之精髓，移天缩地，在如诗如画，山水环绕中缔构楼台宫榭，以江南秀美寓北国山川之壮阔。可谓是封建社会时期，皇家宫苑集大成之作。它就是这样的宏伟，瑰丽，豪华，可与希腊帕特农神庙、埃及金字塔、罗马角斗场、《巴黎圣母院》相提并论，它就如在仙境中最瑰丽的珠宝，全世界都为之惊叹。

　　1960 年 10 月 5 日，英法侵略者追杀清军，一路来到圆明园。进入园内，他们做了一个"聪明的决定"——将圆明园内的物品一部分作为两军奖品，剩下的归掳获者私有，英军统帅格兰特下令，让每个军团的一半军官在第二天上午去圆明园瓜分"奖品"，下午另一半又去。　三天的狂欢，他们每一个都腰缠累累，这时优雅的欧洲人仿佛变了一个模样。尽情地破坏，抢夺，与别人相争抢，一副强盗模样。为了金子，丢银子，为了宝石丢金子。巨大瓷器和琅瓶因不能运走，直接被粗暴地打碎。这一切都被毁了，毁得只剩下它的名头。　同年 10 月 17 日，英法侵略者以要"对清帝加以严厉的责罚"为借口。额尔金下达了焚园的命令。大火直直烧了三天三夜，浓烟滚滚，似乎在痛诉侵略者的暴行，火焰中燃烧的是举世瑰宝，也是侵略者的罪行。

　　这世界的瑰宝破碎了。　清政府的愚昧、懦弱使得侵略者肆无忌惮，这不仅仅是落后、闭塞的封建制度不敌资本主义制度，更是国家高层的"温和"为命舍义所致。这使得侵略者有了炫耀他们武力的理由，有了让世界害怕他们的理由。

今日昔日的瑰宝已然不见，只剩下残垣断壁。即使有人倡议过修复圆明园，但这民族的耻辱，中华民族的耻辱与伤痕，更应被牢记。而不是掩饰。要让它时时刻刻提醒我们"勿忘国耻，振兴中华"。

抗倭英雄戚继光

重庆市字水中学（东区）初 2021 级◎夏　维　指导教师◎邹　红

　　在世界的东方，有一片神秘而令人向往的土地，他的名字叫——中国！历史的长河缓缓流过，岁月的洪流泛起清波，看过众多英雄故事，最喜欢的还是戚继光了。

　　戚继光是我国历史上最著名的英雄之一。明世宗的时候，有一批日本的强盗经常在我国东南沿海一带骚扰。他们和中国的土豪、奸商勾结，到处掠抢财务，杀害百姓，闹得沿海不得安宁。人们把这种强盗叫作"倭寇"。公元 1553 年，在汉奸汪直、徐海勾结下，倭寇集结了几百艘船，在浙江、江苏沿海登陆。分成许多小股，抢掠几十个城市。沿海的官吏和士兵不敢抵抗，见了倭寇就逃。直到朝廷把山东的将领戚继光调到浙江，才扭转了局面。

　　戚继光是一个精通兵法的将领。他根据南方沼泽地区的特点，研究了阵法，亲自教士兵使用短武器，经过严格训练，这只新军战斗力特别强，戚继光的名气就在远处传开了。过了几年，倭寇又袭击台州一带，戚继光率兵来台州，那里的倭寇哪是戚继光的对手，倭寇在陆地上待不住了，被迫逃到船上，戚继光用大炮轰，倭寇的船着火了，大批倭寇被淹死，留在陆地上的只得乖乖投降了。

　　这便是有名的"戚继光抗击倭寇"的英雄事迹。

　　……

　　正是在这样的民族英雄的带领下，在中华儿女的共同奋斗下，我们才得以胜利。

　　中国共产党领导中国人民站起来了，屈辱的历史一去不复返。辉煌的未来向我们招手。

历史给予我们启迪：一个走向世界的民族，必须自尊自立，自信自强；祖国是东方的明珠，是亚洲腾飞的巨龙，是远方地平线上初升的太阳。人生有了梦想才会不凡，民族有了梦想才会走向繁荣富强。让我们一起为了我们的中国梦而努力吧！

以史为鉴，才能照亮我们更好的未来！

鞠躬尽瘁 死而后已

——旷世奇才诸葛亮

重庆市字水中学（东区）初 2021 级◎文思颖　指导教师◎邹　红

众所周知，诸葛亮是历史上有名的杰出的政治家、军事家、文学家、书法家、发明家，同时也是三国时期蜀汉的丞相。

在百度百科上，我们了解到诸葛亮，字孔明，号卧龙，早年随父亲诸葛玄来到荆州，在他的父亲去世后，他选择了在隆中隐居，同时也才有了之后，刘备三顾茅庐请出诸葛亮的故事。

通过查询了解，在刘备请出诸葛亮后，联合东吴孙权于赤壁大战大败曹军，形成三国鼎足之势，又夺占荆州，在建安十六年（211），攻取益州，继又击败曹军，夺得汉中。蜀章武元年（221），刘备在成都建立蜀汉政权，诸葛亮被任命为丞相主持朝政，后主刘禅继位，诸葛亮被封为武乡侯，领益州牧。勤勉谨慎，赏罚分明，大小政事亲自处理，前后 5 次北伐中原，多以粮尽无功，终因积劳成疾，病逝去五丈原，享年 54 岁。

诸葛亮的一生都奉献给了国家，他的鞠躬尽瘁死而后已，也成为中国传统文化中忠臣与智者的代表人物。

历史永远存在于过去，我们也不断地向着明天前进，现在的我们能有如此成就，也丝毫离不开像诸葛亮这样的古人智慧。历史留下的不仅仅是一堆资料，几块碑刻，数处遗址，还留下了他们的经验，留下了数千年的优秀文化，正是因为继承了他们的智慧然后得以创新，才成就了今日的我们。

在古人的肩膀上，我们靠着非凡的智慧，不变的初心和使命，让祖国开始变得越来越好，我们虽还是中学生，但也能尽自己最大的努力，勇敢承担起富国强兵的重任。让我们以史为鉴去照亮未来前进的道路。

寻物忆往昔

——鸳鸯莲瓣纹金碗

重庆市字水中学（东区）初 2021 级◎何雨檬　指导教师◎邹　红

　　在陕西西安的何家村内，一批建筑工人正在辛勤的工作。其中一位在挖掘过程中打碎了埋在土里的一件器物，破落的碎片落下后随即传出像是碗晃动的声音，这样的场景发生在西安，大家都会条件反射的认为一定是探测到文物了，随即联系了考古人员。被打碎的器物，经考古工作者们小心翼翼开采出来，是三件陶器，表面花纹饱满，做工精细。

　　他们继续挖掘，陆陆续续开采出挖掘出总计高达一千余件精妙绝伦的历史文物，包含大量的金银、玉石等。其中包括华丽的鸳鸯莲瓣纹金碗、工艺繁复的葡萄花鸟纹银香囊、名贵的玛瑙长杯等等。经过比对史书记载和大量的文献研究，最终确定这是一批唐代时期出土的文物，时间跨度大概在初唐到中晚期。这批文物不仅有金银器物，从赋税徭役到金银首饰，从中医药文化到生活器皿。应有尽有，目不暇接。这一发现轰动中外，令世人震惊。

　　鸳鸯莲瓣纹金碗，敞口，鼓腹，呈喇叭型，纹饰平錾，外腹部錾出两层仰莲瓣，富有动态，碗内墨书九两三，应该是碗的重量。《古今注》云："鸳

鸯,水鸟,凫水也。雌雄未尝相离,人得其一,则一思而至于死。故曰'匹马'。"诗歌中说明了人们喜爱鸳鸯的理由,鸳鸯纹是唐代装饰中的主要纹样之一。根据唐代《衣物账》石碑记载,唐代只有一品以上的官员的食器才能用纯金或纯玉制作,可见鸳鸯莲瓣纹金碗异常珍贵,也能看出它所在的时代是多么的灿烂辉煌!

以史为鉴知兴替,了解文物知历史。文物是历史的见证,是国家的象征,也是一个民族的象征。欣赏文物,了解文物,体会文物的内涵以及力所能及地保护文物成为我们青少年刻不容缓的重任!鸳鸯莲瓣纹金碗时间跨度大概在初唐到中晚期,为一个繁荣的朝代而生。虽然时代已变迁,但我们不能忘记历史,更要铭记历史,努力学习,创造未来,照亮未来!

历史如镜如酒

重庆市字水中学（东区）初 2021 级九班◎陈星羽　指导教师◎刘昌平

秦朝刚刚完成了国家统一，统治者面临着巩固大一统的局面，而在战国时期的百家争鸣思想，显然不利于现在的思想大统一。故而秦始皇想要在全国建立起中央集权制度，更适合运用法家思想，残虐的焚书坑儒就这样发生了。

忆往昔，焚书坑儒引人恐慌；看今朝，儒家诗书流芳千古。随着历史长河的流淌，记忆随时光淡去，我们又何曾将其铭记在心？

以史为鉴，面向未来。

当初的一些儒生和游士，引用儒家经典，借用古代圣贤的言论，批评当时的朝政，从而导致秦始皇的不满。当时对于郡县制的辩论，丞相李斯认为，儒者按照古代制度实行分封制不合时宜。他指出这些儒生只是想借着古代圣贤的言论评论当代，居心叵测，从而对君主不利。所以他奏请秦始皇焚烧当时的儒家诗书，如有人再敢提起相关内容便全部处刑。一场熊熊大火烧起，"焚书"的硝烟便四处飘散。

"坑儒"反像是一场闹剧，公元前 212 年，在梁山宫，从上往下看，丞相李斯的车骑仪仗排场很大，嬴政看了很不高兴，有太监就将其告诉了李斯，于是他悄悄减少了车骑人数和出行方式，这恰恰是犯了大忌。嬴政认为是朝廷大臣内外勾结，把当时在场的近侍全部处死了，那些要帮他炼长生不老药的方士也通通逃走了。这使他非常生气，于是派遣御史去处理这事，随即将其中触犯法令之人坑入咸阳。"坑儒"其此之谓乎。

借鉴历史经验，目光才会更加开阔，怀想历史故事，生命才更加充实。

激发历史情愫，精神世界才能得以延伸，不忘历史，是为了更好地面对未来。

以史为鉴，面向未来。

焚书坑儒虽中间隔了一两年，距现在已几千年。但岁月的长河淌过浸透血泪和屈辱的近代史，历史渺渺尘烟，掩盖不住世纪的风雨。近半个世纪的求索与攀爬记录了我们成长的足迹。我想历史是照亮未来最好的明镜，或许它会被淡化，但我们从不曾忘记。

历史是一杯陈年老酒，要忘记它的迷醉，要记住它的芳香。

铭记历史　走向未来

重庆市字水中学（东区）初 2021 级九班◎黄化露　指导教师◎刘昌平

1931 年 9 月 18 日，日本悍然发动了震惊中外的"九一八事变"，且日本继续刷新了一系列惨绝人寰的事件。中华民族面临亡国灭种的厄运，中华民族陷入了水深火热之中。在此之后，中国东北沦为日本的殖民地，且日本逐步向华北地区发展。中华民族得到了空前的觉醒和团结，国共两党再一次合作，开创了团结御侮、共同抵抗帝国主义侵略的新局面，实现了民族大团结。

忆往昔无数烈士抛头颅洒热血，奋勇杀敌，用自己的生命挽救民族危亡，但"九一八事变"也给东北三省的人民以及全国人民都留下了沉重的阴影。看今朝，国家强盛，在钓鱼岛事件发生后，中国用事实回击，用实力说话。坚持和平，加强国防建设，增强综合国力，也激发国人的自信，不再让悲剧发生。

生在今天的我们应该感觉到十分幸福。因为现在我们国家没有战乱，国泰民安。这都要感激那些为国捐躯的先烈，是他们用鲜血换来了为国捐躯的先烈，是他们用鲜血换来了今天的和平。这段历史是我们的屈辱，但我们要正视历史。詹天佑曾说过："各出所学，各尽所知，使国家富强不受外辱，足以立于地球之上！"所以，作为中学生的我们不应该碌碌无为，不应该自我放弃，要珍惜现在的美好生活，认真努力的学习，做对社会有用的人才，斗志昂扬的迎接美好的明天，信心满满的面对生活，勇敢面对生活中的挫折——在哪里跌倒就在哪里爬起来，怀揣梦想，勇往直前，奔向未来！

今天的我们铭记着这段历史，铭记曾经所受的屈辱，铭记曾经得来的惨痛教训，铭记曾经为国捐躯的先烈。记住，中国的历史是用鲜血写成的，上面记载着屈辱，更记载着荣耀！看五星红旗冉冉升起，随风飘扬，也更激励着我们勇往直前，走向美好的未来。

抗疫之"士"

重庆市字水中学（东区）初 2022 级◎付馨娜　指导教师◎杨　鑫

以历史为笔，以时间为纸；研过往之墨，绘千代之间；唯此承前辈之事，方能书后世之章。

——题记

北宋时期，杭州暴发了一场瘟疫。眼看庄稼颗粒无收、百姓衣食无着，这时候伟大的诗人苏轼出现了，一切好像又变得和谐起来。

苏轼小时候不仅有学习读书，写诗的爱好。兴趣广泛的苏轼还对医书有所阅读了解。正是在这广泛的兴趣下的苏轼，才得以让他在这场瘟疫中发挥作用。

正在疫情最为严重的时刻，他心急如焚却临危不乱，迅速实施了一系列救灾行动。有一年，苏轼专程到老家眉山拜访当地名医巢谷，寻医问药，恳求防治瘟疫的药方。巢谷有一家传秘方"圣散子"，但是其家规规定不得传于外人。苏轼言辞恳切，再三请求。巢谷被苏轼的真诚所感动，答应将药方传给他，但是要苏轼指江水为誓永不传人。苏轼发誓后，得到了"圣散子"。于是依照着医册古籍，他在万山中寻找草药，发现可以以这一剂药来治愈病人。为控制瘟疫的蔓延，苏轼以民生为重，不惜毁约，将药方公之于世。立马将其印制成册，并公开发放。同时分发医药，鼓励民间医师行医，打压做黑心买卖的药铺。他还修建一座安乐坊，用于临时隔离病人，提供治疗。

不久，疫情很快平息了，苏轼的防疫措施得到了朝廷认可。特别是那座堪称"北宋版雷神山"的安乐坊，被大规模推广，在整个宋朝沿袭下来。

也被记录到文献典籍中，以便后世知晓。

苏轼抗击瘟疫的故事，被记录在文献典籍中，为后世所知晓。而那些病人买药、医生出诊的医疗日常，则被勾勒描摹，通过宋画流传了下来。

苏轼抗瘟疫就好比白衣天使抗新冠病毒。古时候没有先进的科学设备，但是在危难之中，总会有犹医似医的人，为了人们的安全，坚守在自己的岗位，守护一线，支撑起我们安全的城门。

在中华民族几千年来的传承中，那些已故的先人，为后世打下了良好的基础，良好的精神，良好的态度。值得我们在这样的基础上继续创造，继续发掘。能在以往的历史上更上一层楼。

我们应在历史的长卷上画上一笔笔优美的长龙，在未来的道路上越走越远，让生活更加丰富多彩，创造更好的未来。

流波将月去　湖水带星来

重庆市字水中学（东区）初 2022 级 ◎周卉岚　指导教师◎杨　鑫

梅雨淅沥着水磨群墙，鸥鹭暂停于筒瓦之上，姑娘手扶雕甍绣栏，手握盈盈罗扇，嘴角含笑，美眸微掩，楼前茶香阵阵，人声喧起。我撑起油纸伞，陌入雨中，踏上西番莲花样的台阶，站在苔痕布满的石桥上，极目远眺，似看见千年前那个游登画舫，站在船头意气风发的男子。

公元 605 年，隋炀帝登基后，一条贯穿南北的大运河，正式开凿，以洛阳为中心，先后连接了海河，黄河，淮河等五大水系。全程共 2700 多千米。此河的开通，加强了南北地区政治，经济和文化的交流。

此后，前朝的九品中正制被废除，进士制度确立。这一改革推动了当时社会的进步，文化的发展。对后世有着深远的影响，先后维持了 1300 余年。

而这些有利于国家，有利于社会，有利于人民的建树，都源于一个人，他就是当时的皇帝，隋炀帝。作为一个统治者，他深谋远略，而作为一代才子，他也满腹经纶。

"流波将月去，潮水带星来。"一扫艳媚。黄昏远眺长江岸，暮霭沉沉，江水浩渺。此诗可谓景美、意正、情浓、味雅，如同沈德潜在《古诗源》中的评价所说："能作雅正语，比陈后主胜之。"

而这样一个才华横溢，文武双全的君主。却将那个曾经盛极一时的隋王朝带向了一发不可收拾的消亡。

隋炀帝一代天骄，却奢侈无度，纵情享乐。纵使千古奇才，却好大喜功，不恤民力。有着横溢的才华，却未曾有过圣人的悲悯。这个矛盾的个体给隋王朝带来了无以想象的噩耗。他，加速了隋朝的灭亡。

站在桥上，湖中那抹华丽的身影，被微风吹散，不见踪影。满是涟漪的湖面上，只停靠着一支乌篷船，一个摆渡人……

也许也正如孟子所说那样，"动心忍性"才能承得大任。不被心魔所困，不被惰性所阻，坚持十年如一日的律己。才能成为人上人。做到真正意义上的成功。

世间之事并不是非黑即白，没有绝对的对与错。每一件事情都有它的多方面性，而我们在看待问题的时候，应该站在多方面的角度上去思考，用不同的眼光去考虑结果。从自身角度出发以最全面的方式去完成它。

随着时间的瞬移，一个国家的发展是必然的。必定是一个良性的循环。社会在不断的变好，人民在不断的努力，生活也就显得更加安定，而在此基础上，社会又继续向前发展，人民又为此更加努力，因而生活也就更上一层楼。而这一发展的前提是在人民接受的范畴以内！在发展的过程中，我们必须用一把尺子量自己，量社会，量国家。在不以伤害的范围内尽自己最大的努力，为国家献出一分自己的绵薄之力。

都说"家是最小国，国是千万家。"正是如此，千千万万个普通家庭成就了这个别样精彩的社会，成就了这个别样精彩的国家。国家社会个人是互相缠绵的烟缕，也是互生互持的鱼水。

雨停，我收起早已淋湿的油纸伞，绾了绾耳边的青丝，敛了敛眼中的暗芒。提着裙摆，走下石桥，带着些许坚毅，心虚阔然，陌入那一帘幽色。

海洋文明　携手同行

重庆市十八中两江实验中学高 2022 级◎杨　茜　　指导教师◎罗淑芬

海洋文明是指依靠海洋生存，并发展成为村庄，聚落，城镇，再到城市的文明。这些文明一般历史较长，是早期孕育人类文明的摇篮。

1. 起源——蓝色传说篇

海洋文明出现于欧洲，其中著名代表希腊，意大利，荷兰，丹麦，法国等。以上国家均为沿海国家，且历史超过 1000 年以上。海洋文明是西方文明的发源地，在这里出现了早期的西方文化，包括梭伦改革，文艺复兴，资产阶级革命等。

2. 近代——中国海洋篇

1840 年鸦片战争的打响，显示了西方海权强国的威力，沉重地打击了清政府，有识之士开始探索兴海强国之路。从第一次鸦片战争以来，中法战争、甲午中日战争等几乎都是先从近海的城市开始。魏源在《海国图志》中倡议引进西方先进的海军科学技术以此振兴海防。严复则呼吁我国建立海权，规复海军。而且那些作为通商口岸的近海城市在被迫开放之后，经济发展远超内陆。而从现如今沿海城市的快速发展也证明了海洋经济发展所带来的巨大改变。

3. 近代——西方海洋篇

从 15 世纪西方航海大发现开始，葡萄牙、西班牙一度称雄世界。继之而起的是"海上马车夫"——荷兰，把 17 世纪变成了"荷兰世纪"。率先进行工业革命的英国更是凭借其世界第一的海军实力，拥有了世界上最多的殖民地，成为所谓的"日不落帝国"，称霸世界长达两个世纪。

4. 当今——理智对待篇

海洋发展史上，不难看出世界强国无一不是海洋强国。如今我们可以看到现在世界上发达的国家几乎都为海洋国家，如日本，澳大利亚，美国……海洋强国是指在开发海洋、利用海洋、保护海洋、管控海洋方面拥有强大综合实力的国家。

在这个海洋新时代，各国家都提出了不同的海洋发展战略，为了成为海洋强国，巩固其海洋力量在做着努力。近代以来，具有远大战略眼光的政治家都无一例外对海洋的战略地位有着深刻的认识，都强调走向海洋，建设海洋强国。而传统中国重陆轻海的思想和大部分人海洋与海权意识淡薄是中国在国际上面临诸多海洋权益问题的根本原因。中国要改变，就需要培育海洋意识，制定海洋大战略，大力加强海权建设。

5. 新征程——我们在路上

我国建设海洋强国的时机已经成熟。我国的综合国力和海洋力量不断增强。2012 年 9 月 25 日中国首艘航母完成交接仪式，标志着我国海军力量的一次大的发展跨越。21 世纪是人类开发利用海洋的新时代，也是争夺海洋国土和资源的关键时期，我们必须要抓住机遇，积极制定海洋发展战略，使我国能够有更多的蓝色国土和海洋资源。

实施海洋战略，是世界强国发展的成功经验，也是中国的战略选择。我国是一个陆地大国，也是一个海洋大国，开发和利用海洋对我国的长远发展具有重大战略意义。中国建设海洋强国不是一个梦，而是一个我们必须完成的历史使命，我相信，未来的中国必将以一个独立，和平，海洋强国的形象展现在国际舞台。

因此，我们只有树立海权意识，维护海洋主权，发展海洋经济，才能得到更快速的发展。海洋文明，我们携手同行。

隋唐宫奢论

重庆市十八中两江实验中学高 2022 级◎李金明　指导教师◎罗淑芬

夫功成之日，非成于功之日，盖必有所由起；祸成之日，非成于祸之日，亦必有所积因。隋唐于宫室颇奢，宫室者，王侯将相之家事也，本不足道哉。然祸成之初，总以微渺。《诗》云："如彼雨雪，先集维霰。"隋唐之衰亡，自奢而兆矣。

史云：隋秦王俊盛治宫室，穷极奢丽；杨素则东西二京，土木大兴，朝毁夕复，营缮无穷。武曌修凤阁，宪宗喜佛寺。然隋唐之好宫室，盖以奢侈之风也。奢侈之风，多承南北朝。南朝惯于纵恣，北朝习染胡俗，隋唐继之位革。居高明者盛治宫室，以至靡废。少有勤俭，亦虚名尔。隋文帝著以恭俭，亦筑仁寿宫，死者相次于道，竟悉行焚之。太宗玄宗虽倡俭，实亦奢也，更无论他者。是故纵奢之习，肆以成风。然奢者，非由物力之丰足，由贫富之不均也。上弥奢，下愈贫，是而哀声起。以至世乱。然乱世多因机幸获者，欺民夺地，上富而下贫，因循痿痹，以至颠覆。岂不痛哉！

或曰："何以戒之？"曰："不可戒也。"奢有人之贪欲，本性也。不可戒而可制也。《诗》云"君子如祉，乱庶遄已。君子如怒，乱庶遄沮"。是故君当可己，制其喜怒，使纳忠言。勤俭修身，令行禁止，上下化之。则欲贪可制，奢纵可止。

余观古朝：少忠贤，多奸佞，日进谗以扰圣听。纵上贤明，亦不免纰。则无忠言而少明君。昌黎以人不识马喻君不识贤，此固善也。然世多好贤之君，而少肱股之臣。为君者，未有不好贤明也。此非君不能用人，人之不能用君也。似贾谊之才，文帝之贤，谊且不能为之用，而余者岂有异乎？

固君子当忍以穷困，厚君而为之用。避上之奢纵，止下之贫苦。则贪欲没，奢风去，国运兴也。

夫祸患常积于忽微，福功总成于毫厘。冰冻三尺，始于毫滴。千里之堤，溃于蚁穴。奢小而当戒，俭渺不可丢。儒语云：修身治国齐家平天下。亦始于修身之小，而余者无异也。

附文：

人们都说学习历史的目的是为了"以史明鉴"。要做到以史明鉴，首先要做的就是要超越历史，超越的是思想，而非物质。但我们是人，贪婪和欲望是人的本性，只要贪欲存在，超越历史就很难实现。所以，不能去除便只能克制了。而观之古今，贪欲的突出表现便是奢侈了。而古代的设置，无非便是土地，奇珍异宝之类，而这些集中一下，便是宫室了。所以便以宫室写奢，以奢显贪，进而制之，来"鉴史"了。

承前辈之事　书后世之章

重庆市十八中两江实验中学高 2023 级◎冉琪琳　指导教师◎冉　平

历史所孕育的真理是时间的对手，事件的储存，过去的见证，现在的榜样和警戒。

——塞万提斯

以史为鉴，需知开放。智者筑桥，愚者筑墙。纵古，唐朝之所以繁华，不仅仅是因为唐朝强大的军事和辈出的优秀人才。盛唐时期，国富民强，通过由长安直抵地中海沿岸的路上丝绸之路，将辉煌灿烂的中华文明传播四海，众多国家的使臣、学者、工匠纷至沓来，在长安将经济、文化、思想进行了一次大融合，中华文化圈形成。中国在开放中发展，因此出现大唐盛世。清朝之所以衰败，其重要原因之一是因为闭关锁国政策。一道圣旨，闭关锁国政策开始，政府严格边境贸易，严禁民间对外活动。大清王朝在封闭中落后，在落后中走向灭亡。观今，邓小平引领改革开放，带来了中国历史上最辉煌的经济腾飞，习总书记的"一带一路"倡议让我们成为世界经济增长的火车头。中国以开放之计，如鲲鹏腾飞而起。

以史为鉴，守望和平。历史的车轮滚滚而过，碾压的是血染的草地，遥望的是和平的彼岸。1840 年，鸦片战争爆发，中国国门洞开；1900 年，八国联军侵华，杀人放火奸淫抢掠；1937 年，南京大屠杀，死亡的气息笼罩全城……纵然国民饱受鸦片毒害，纵然无数人民无法安息，纵然南京三十万亡魂依然漂泊无依。一味地回忆仇恨已不是时代所需，历史留给我们的是一只和平鸽，唯有放飞它才能到达和平的彼岸，才能守望未来。

以史为鉴，创新发展。从小农经济到社会主义市场经济；从君主专制到人民民主专政；从八股取士到新式教育；从农业文明到工业文明……自古以来，中国从未停止前进的步伐。在当今世界中，创新发展更是必不可少的一部分。从嫦娥四号登陆月球背面到长征五号B运载火箭成功发射，从华为自主研发芯片到5G商用加速推出，我国始终坚持实施创新驱动发展战略，坚持在发展中前进，在创新中进步。中国的昨天，雄关漫道真如铁，中国的明天，长风破浪会有时。

历史是一堆灰烬，但灰烬深处有余温。当我们翻阅史书时，应从灰烬中吸取"养分"。正如《阿房宫赋》中道："秦人不暇自哀，而后人哀之；后人哀之而不鉴之，亦使后人而复哀后人矣。"

以历史为笔，以时间为纸，研过往之墨，绘千代之间，唯此承前辈之事，方能书后世之章。

千古一问　史词为鉴

重庆市江津中学校　历史教师◎贺承祥

宋词，是舞杨抚柳的清风，繁花似锦，落英缤纷，极尽阳春白雪的清寡和市民阶层的雅致。

宋词，是遮阳避荫的白云，氤氲无常，若隐若现，遮挡赵宋之世的富庶和崖山一役的惨烈。

公元978年七夕，宋朝曾经的敌人如今的俘虏，41岁的李煜永远停了笔，他所有的爱恨情仇，全都和着那杯毒酒，一饮而尽，只留下了"问君能有几多愁"这千古一问，静候宋代文人们的回答。宋词的历史亦是宋朝的历史，历代词人对这一问的回答恰若构成了曲折波澜，既盛极一世又浩然悲壮的宋史。

这一问，不仅问在了史册上，也问在了当下间。如果今天的你仍然彷徨着，徘徊着，不妨走入宋词的世界，以词史为鉴，照亮未来，追寻前人的回答，消释今日的疑惑。

满眼凄凉愁不尽，这是欧阳修的答案。庆历五年，39岁的欧阳修眼见昔年踌躇满志的革新毁于一旦，一众好友相继被贬，再也不忍沉默，上书辩之。结果是显然的，贬滁州太守，宦海沉浮的欧阳修再一次远离庙堂而去。南下的路上风雨飘摇，夜晚的星光无力闪烁，曾经的豪情万丈到头来终是一场空，今夕何夕，何去何从？但如若就此沉沦，何以堪"文忠"之谥号？既处江湖之远，何不铸一方富庶？在滁州，他以轻松慵懒的态度宽简为政，使得官民称便，更于此地写下了不朽名篇《醉翁亭记》，将古文艺术达到巅峰。所以，当你对前程迷茫的时，请读读欧阳修的词，你会发现前方的路并不狭隘。

飞红万点愁如海，这是秦观的答案。陈廷焯《白雨斋词话》卷六云："他人之词，词才也；少游，词心也。得之于内，不可以传。"秦观此作将身世之感融入艳情小词，通过阳春逝去，留下落英飞红恰如万般离愁这浓郁的意境渲染来表达，言有尽而意无穷。我想，少游的愁离不开他饱受争论的性格和词风吧。"既入官场，何甘沉溺桃源？既入苏门，何著淮海媚词？"作为苏门四学士的秦观，没有恩师"一蓑烟雨任平生"的洒脱，没有师兄"付与时人冷眼看"的猖狂，词风背离了苏轼的豪放，却向素来被主流文人瞧不起的柳永靠拢。但这又有何妨？其实，人和人的秉性是不同的，无须强勉。只是将一身才气付与清嘉，少游的词也足以流传千古，成为北宋词坛婉约派的掌门人，而那些批评他的人又何在啦？所以，当你对前行方向的怀疑时，请读读秦观的词，你会发现你永远不会独行。

这次第，怎一个愁字了得，这是李清照的答案。"常记溪亭日暮，沉醉不知归路"的少女时代好像还在昨日，"东篱把酒黄昏后，有暗香盈袖"的闺怨情怀尚在眉梢停留，江山，却已是风云变幻。于是，只能酒入愁肠，听着梧桐细雨，声声催人泪下。靖康之耻，她失去了故乡，失去了丈夫，失去了读书消得泼茶香的日子，却到底没有失去一颗热爱文字的心，半身以后骤变的词风将李清照推向了词坛女主的宝座，也终究又成了国家不幸诗家幸故事的轮回。所以，当你饱受现实摧残你所热衷的爱好时，请读读李清照的词，你会发现唯兴趣不死。

三百二十年大宋王朝孕育的宋词之所以流传，是对生活的热爱，是对命运的歌颂，是对历史的传诵。学历史不应局限于史书，还需从相应背景下的诗词入手，这将对历史有更直观更全面的理解。以史为鉴更应以诗词为鉴，细读诗词你会发现，史书里的真谛早已铭记在诗卷上。

历史，存于汗青上，而活于诗词间。

脊梁——文天祥

重庆市江津区江津中学校◎李　敏

"呜呼文山，遭宋之季。殉国之身，舍生取义，气吞寰宇，诚感天地。"这是于谦对文天祥的评价。

他自号文山，中贡士后以文天祥为名，他忠于国、诚于国，也将自己奉献给了国家。他对国家的爱与赤诚，是忽必烈无法用利诱去换取的，他以爱国为信仰，以奋斗为实践，哪怕被俘，依然心怀祖国，最后用自我的生命书写下并坚守了自我的信仰。这是渺小的一笔，这是磅礴的一笔，因为有了他这样的抗金英雄，一代代的国家脊梁，才有国家团圆的欢聚，才有国家富强、进步、发展的根基。才让中国五千年上下的历史中多了一份浩然正气，多了一份赤诚之心，多了一份不朽的尊严。

"人生自古谁无死，留取丹心照汗青"，悲而壮、郁而扬，这铁骨铮铮的一句诗是对他自己最好的描写。慷慨激昂的民族气节，舍生取义的生死观，都在这一句中体现。

"是气所磅礴，掌烈万古存，当其贯日月，生死安足沦。"在他的绝笔诗中，我们能感受到一种得天地的浩然正气，至刚至大，不容玷污，一种豁达的生死观，宁静与热爱，放弃与挣扎，一种弘傲不羁，一种坚持到底的韧性。

他是民族的脊梁，国家的脊梁，是爱国的忠坚之士，是当之无愧的"忠武"之人。

但像他这样的民族脊梁也有许多：

苏公牧羊19年的坚持，誓死捍卫华夏尊严，大叙"天下大乱，尔营夷狄禽兽之类尤称帝，识我中土英雄手"的冉闵；爱国知识分子杰出典范钱学森；乃至于如今疫情之中，一个个最美的逆行者。他们都是民族的脊梁，他们身上的大无畏，奉献与爱国精神都值得我们去学习。

在这场疫情之中，国之领导者在参战，筑起精神防线，国之脊梁者在参战，筑起科学防线，国之冲锋者在参战，国之守卫者在参战，无数国之栋梁也在参战。

身为祖国复兴的新生力量寄托者，我们除了向这些国之脊梁学习，自身也要努力成为国之脊梁，学习他们伟大而高尚的爱国主义精神，奉献精神，创新精神，并发扬传承下去，要明确自我是做一个"守护者"担使命，保安康，而是做一个"修行者"，宅其身，抱道行，或是一个"识途者"做到游父有方。

国之脊梁不分先后，但缅怀像文天祥这样前辈们最好的方式，就是将他的爱国之情传承下来，用自我的力量去捍卫国家的尊严，领土的完整，然后集无数国之脊梁的力量，实现我国的伟大复兴！

为有暗香来

重庆市江津区江津中学校 初 2020 级 26 班◎崔曦玥

"墙角数枝梅，凌寒独自开。"有这样一束梅花，在凄清墙头，独自开放，为世人送去幽香。也有这样一种"落红不是无情物，化作春泥更护花"的暗香，穿透历史的天空，历经千年，始终照耀在人类文明上。

生命的多少用时间计算，生命的价值用奉献计算。

在熹微晨光中，叶子轻轻晃动飘摇在秋风里。"落叶在泥土里迷失自己的时候，才真正融入森林的生命里去了。"一个头缠白布，身着素衣的老者——泰戈尔——用手托住一片黄叶，一步一步向我走来。叶子一生的意义便在于此，在深秋的晚风中，用一种辉煌的告别方式来终结自己的生命，为大地奉献自己微薄的力量。正因如此，叶子得到了永生，飘散在诗人缠绵的笔墨里，飞舞在一幅幅书卷里。

"匈奴未灭，何以为家？"他在抗击匈奴，保家卫国的疆场上，马不卸鞍，衣不卸甲地度过了戎马一生。荣华富贵，难动英雄报国之心。千载之后我仍然遥想少年大将霍去病的绝世风采，为他的英勇倾倒，更为他的奉献精神热血沸腾。而这种精神穿透千年，延续至今。

"千载琵琶作胡语，分明怨恨曲中论。"这个生长在巴山楚水之地的奇女子—王昭君，以柔弱的肩膀，挑起国家兴亡的重托。把青春年华留在荒凉苦寒的大漠。她拓宽了美丽的深度与宽度。她的奉献，使西汉与匈奴团结和睦，展现出"边城晏闭，牛马布野，三世无犬吠之警，黎庶无干戈之役"的和平景象。而这种美丽，穿梭千年，明媚依旧。

从繁花盛开的园里，采撷千年前消失的鲜花的芬芳记忆，让奉献的暗香穿越千年的时光。

何为奉献？"出师未捷身先死，长使英雄泪满襟"，是诸葛亮的两朝开济老臣心；"苟利国家生死以，岂因祸福避趋之"，是林则徐的为国不计生死；"人生自古谁无死，留取丹心照汗青"，是文天祥的铮铮铁骨，一片丹心。

有人如此说道："唯有勇于献出一切之人，方能在最终收获一切。"我们来到这个世界上时一无所有，只有在学会付出之后，才能得到回报；予人方便之后，才能予己方便。为他人奉献时，我们也会有收获——收获喜悦与幸福，也收获他人的回报。此时，我们才真正拥有一份厚重的生命，不是吗？

流连在繁花盛开的院落里，我采撷了一朵在奉献的雨露滋润下盛开的花，轻轻一嗅，闻到了鲜花芬芳的记忆，这一缕穿透千年的暗香，一起延续着，照亮着未来……

皇宫地基乃"民心"

重庆市江津区江津中学校 初 2020 级 26 班◎谭媛元

悠悠五千年，泱泱大中华，浩瀚历史长河波涛激流，留下了多少"稻米流脂粟米白，公私仓廪俱丰实"的兴盛，又留下了多少"伤心秦汉经行处，宫阙万间都做了土"的悲凄。对于王朝的兴衰，历代史书多以皇帝凶狠毒辣，民众生活艰难，百姓奋起反抗直至衰亡为终结。一个个富丽堂皇的宫殿最终也被看似弱小无能的民众摧毁。

秦王扫六合，虎视何雄哉！挥剑决浮云，诸侯尽西来。明断自天启，大略驾群才。收兵铸金人，函谷正东开。""千古一帝"秦始皇嬴政耗时 10 年最终兼并六国，建立了统一的中央集权制帝国。书同文，车同轨，统一度量衡，政治上实行三公九卿制，地方上废除分封行郡县制，修筑万里长城，秦始皇的伟大功绩影响了后世几千年。可如此有雄韬伟略的英雄人物为何会引起老百姓的强烈怨愤，如此波澜壮阔的大秦帝国为何只存在了 15 年？归根结底秦帝国由纵横崛起之裂变衰亡竟是"不得民心"。秦始皇焚书坑儒，大兴土木征用无数民工，耗费无数钱财资产，而秦二世胡亥继位后更是变本加厉。老百姓民不聊生，农民起义随即爆发。最终，强大的秦帝国王朝竟无力抵抗农民起义军的合力进攻。

自古以来，得民心者得天下。再富丽堂皇的宫殿也需老百姓亲手修建，再强大的王朝最多的还是黎民百姓。"守攻自当仁政为先，得以民心，江山自然屹立万古不朽。"《大学》中说："得众则得国，失众则失国"，治国之道在于施行仁政，谋求民生福祉，使人民安居乐业，以争取人民的拥护，这是孔子、孟子等先哲圣贤孜孜不倦游说列国的"王道"。唐太宗李世民经常以亡隋为戒知人善任，薄赋尚俭，深受百姓爱戴，令隋末动荡之局得以稳定下来，最终开创"贞观之治"。

着眼于当下，中华民族历经 14 年艰苦卓绝的抗战，千千万万中华儿女百折不挠保家卫国，用小米加步枪夺取了反击日本侵略者的最后胜利，谱写了可歌可泣的英雄篇章，激励着一代又一代中国人自强不息。如今中国人真正站起来、富起来、强起来了，新时代属于每一个人，人民才是历史和未来的真正创造者！听，十九大报告，"人民"二字一共出现了 203 次，直抵人心，激发共鸣。"不忘初心，牢记使命"成为中国共产党人始终不变的心系人民的初心和情怀。面对突如其来的新冠肺炎疫情，"一切为了人民、一切依靠人民，一切以人民为中心"的"人民至上"理念得到充分的印证。这是一场保卫人民群众生命安全和身体健康的人民战争，没有人是旁观者。全体中华儿女万众一心、众志成城、团结奋战，打响了打赢了疫情防控的人民战争、总体战、阻击战，成为别国口中的"奇迹"。

古语有云"君者，舟也；庶人者，水也；水者亦能载舟，水者亦能覆舟。"民心向背决定生死存亡。执政为民，想民之所想、急民之所急、办民之所需、干民之所盼，牢记民与国，相存相依；国与民，相辅相成。民富则国强，国强则民安，民心安即国之安。

以史为鉴　照亮未来

重庆市江津区江津中学校 初 2020 级 26 班◎黄　靖

"以铜为镜，可以正衣冠；以史为镜，可以知兴替；以人为镜，可以明得失。"镜子是最能反映真实存在的事物，不同的镜子自然能显现不同的道理。历史这面镜子便尤为突出，各个朝代的兴盛衰亡，没落更替，都是在册册史书中，吸取前朝的经验，弥补阙漏不足而发生的。一个王朝就是在"以史为鉴"的基础上，采取各种完善的措施兴盛起来的。

正如汉高祖刘邦所说："能成事者善用人，善用人者能成事。"君王的知人善任在治理国家中起到了重要作用。太宗的名句"以铜为镜"正是出在魏徵死后。魏徵不正是一面犀利的镜子吗？他直言进谏，敢大胆指出皇帝的不足，督促皇帝进行改正，从而使国家规章制度管理更严明。唐太宗为帝，吸取隋朝短命的教训，积极听取群臣意见，各类措施使百姓能够休养生息，国泰明安。也因此开创了贞观之治的盛大场面，为唐朝的兴盛奠定了基础。

借鉴史实的发展规律确实有助于建立强大王朝。《出师表》中，诸葛亮便提道，刘备与他谈论"亲贤臣，远小人"是汉室兴隆的原因时，无不为桓帝、灵帝时期的腐败而叹息痛恨。因此在劝奉后主刘禅时，诸葛亮才会言辞恳切地建议他吸取经验教训。由此可见，"以史为鉴"是君主治国不可摒弃的一个举措。

"居今之世，志古之道，所以自镜也。"记住古代的道理，就是为了吸取教训，发展得更好。清末时，清朝走向衰落的最大原因就是盲目自信，闭关锁国。物资匮乏的条件下，仍坚称本国为"天朝"，殊不知西方侵略者已经拥有雄厚的实力来占领本国领土。在这种极端的财力、人力条件抗争下，统治者昏庸无能，不明白眼前这一场深重灾难即将使整个王朝覆灭，只能沦为逃亡的奴隶。直到光绪年间，迟钝的意识才被唤醒，才醒悟到应该即刻反思。然而宝贵的时间已经流逝，亡羊补牢是不现实的，这才造成近代化文明退后数十年光阴的结局。

以史为镜，察知国家兴衰。任何国家的兴起繁盛都离不开借鉴史实。各国管理者以一己之力，不依靠经验就能使国家强大的毕竟是少数，更多的，正应该学会"以史为镜"，才能"知兴替"，才会使国家日益强盛，发展得越来越好。

风骨永流传

重庆市江津区江津中学校 初 2020 级 26 班◎蒋 澍

> "有一种东西不能遵循从众的原则，那就是人心。"
>
> ——《杀死一只知更鸟》

曾经有这样一句话曾广泛地流传在年轻人群体中："高尚是高尚者的墓志铭，卑鄙是卑鄙者的通行证。"当初的年轻人特立独行，将卑鄙作为自己的代名词。可他们只是像跳梁小丑般践行自己所谓"狂徒"的行为法则。但他们不仅活了"狂徒"的名声，还葬送了自己的未来。

在鲁迅《中国人失掉自信力了吗》一文中有言：我们从古以来，就有埋头苦干的人，有拼命硬干的人 有为民请命的人，有舍身求法的人，……虽是等于为帝王将相作家谱的"正史"，也往往掩不住他们的光耀，这就是中国脊梁。

这一类的人们就是现在也何尝少呢？他们有确信，不自欺，他们在前赴后继的战斗，不过一面总在被摧残，被抹杀，消灭于黑暗之中，不能为大家所知道罢了。

人们在观看恐怖片时总会吐槽剧中人物的愚蠢以及迟疑。但正是这些看似愚蠢的情感才是组成人性的重要成分。当一些人面对困境时促使他们做出与其他人有所不同的品质，我称其为风骨。而风骨将始终传承于某一群体中，对于这样的人，我的心中有着一股对他们的敬意的憧憬。他们不在乎是否留名青史，抑或遗臭万年。他们探寻真相，坚持自我。他们在任何时候都尽力自持，做出了最为正确的选择。因此人们称他们为英雄，伟人抑或其他令人遐想的称谓，以表彰他们在过去历史中为人们做出的贡献。

在中华民族危难之际，有一群文人挺身而出，以换取发展之机；又有一名叫凡·高的孤高灵魂，在星月夜下坚持自己的理想；今有众多白袍医者，不畏艰险前往抗疫一线。他们在历史上留下痕迹，亦在我心中烙下深深的影像。

而我会将他们的经历作为花李，并坚定不移地向着我的未来走去，让"风骨"在我及其他人身上流传下去。

勿忘初心　牢记使命

重庆市江津区江津中学校 初 2020 级 25 班◎李秋睿

"空一座城，等30万亡魂。点一盏灯，祭朗朗乾坤。怀一颗心，求人间安稳。哀一个国，念我千古华夏人。"

——人民日报

民族之恨，当以国家之名祭奠复兴之路，当以万人之力走下去。勿忘初心，牢记使命。

中国抗日战争期间，南京沦陷，侵华日军在南京地区进行长达六周的有组织、有计划、有预谋的大屠杀和奸淫、放火、抢劫等暴行，在南京大屠杀中大量平民百姓倒在血泊之中，遇难人数超过 30 万。

曾经的南京充斥着枪声，哭声，呻吟声，硝烟遍地，如今的南京梧桐树在阳光下熠熠发光，白鸽时不时在上面栖息。但南京大屠杀是历史留下的伤疤，以史为鉴，祖国才能强大。

当越国被吴国打败，越国勾践立志报仇。睡前都要尝一尝苦胆，后经长期准备，不忘记自己的使命终于打败了吴国。

慎终如始，则无败事。中国这颗年轻的梧桐树吸引了无数的金凤凰在上面栖息。我们不再是被人骑在头上的国家了，没有任何力量能阻碍我们前进的步伐。我们会像军人一样昂首挺胸地面对生活，不会在繁华的世界里迷失自己，因为我们保留着一颗心，一颗热爱英雄的心，一颗坚守自我的赤子之心。

我们除了仰视这繁华盛景，还应俯视着人间疾苦。

时代的接力棒已经传到了我们的手里，即使在黑暗的时候也需有人挺身而出，而我们做的就是将过去放在心里，将未来投放眼前，过去不须泣，未来不足惧。

风雨兼程，只有在黑暗里探索才能伸手触摸灿烂的阳光。中国会成为一颗太阳，而我们也会成为在他身后为他闪耀的星光。未来的路途还是很遥远，但我们期待祖国的下个明天，不忘初心，奋力向前，作为青少年的我们，要有保家卫国的壮志豪情，也要有巾帼不让须眉的志气，坚定理想信念，脚踏实地，志存高远。

我们不能替先祖对任何人说声原谅，他们经历的屈辱，我们不能想象，我们可以成为明天的太阳，让祖国发光变强。

吾辈爱国　情燃华夏

重庆市江津区江津中学校 初 2020 级 25 班◎梁恒瑞

历史车轮滚滚向前，在历史的洪流中，回响着荆轲"风萧萧兮易水寒，壮士一去兮不复还"的决绝；印刻着苏轼"会挽雕弓如满月，西北望，射天狼"的豪情；承载着文天祥"人生自古谁无死，留取丹心照汗青"的视死如归。古往今来，爱国人士不胜枚举。如果说，他们是夜空中的一颗星，爱国精神就是他们所散发的星光，闪耀至今，指引着我们前行。

犹记当初曹刿一介平民，却在国家危急时刻为国家献计献策，创造了长勺之战的奇迹。这不正是他爱国的集中体现吗？而在当今时代的我们，虽然不能做到曹刿那般，但也不应妄自菲薄。青少年是国家的希望，我们应该积极做好学生这个角色，积极履行公民基本义务。我们认真学习，就是在为国家增添一位可造之才；我们参与社会志愿活动，就是在为社会增添一份爱心。爱国从不局限于大义大勇，生活中的点点滴滴都可以体现出爱国修养。

近代爱国诗人艾青曾写道："寒冷，在封锁着中国啊！"读过中国近代史，一系列不平等条约的耻辱，震惊中外的杀戮，的的确确曾发生在这片富饶的土地上。我们将永远记得，那些为国捐躯的英烈。

当今的中国，一片欣欣向荣。然而昔日的火种似已燃烧殆尽。如今的青年，无欲无求，自诩佛系的，有之；整日消极，认为人间不值得的丧系青年，亦有之。积极向上似乎已不是时代的潮流，快点醒醒吧！是爱国志士创造了如今的美满生活！爱国的火种从未熄灭！它永存于我们心间，薪火相传永不灭！

昔日寒冷封锁中国，而今中国面临着多方面的挑战，正是少年用时。毛主席说："星星之火，可以燎原。"让我们点亮心间火种吧！吾辈青年，当团结一心，点亮属于自己的星火，集结我们这一代的火海！

当热情驱散寒冷，当光明除却黑暗。先辈在黑暗中，踽踽独行，探索光明。我们就应燃烧自己，让滔滔爱国情，燃起整个华夏！

不负韶华　砥砺前行

重庆市江津区江津中学校 初 2020 级 25 班◎刘　衡

> 生活是一块磨刀石，只有不断砥砺自己，才能永远保持锐利的锋芒。
>
> ——题记

人生一世，譬如草木一秋，理应为这个世界留下些铿锵的跫音和深深的足迹。不砥砺，何青春！

走在青春的路上，我们领略的不仅有阳光和欢笑，亦有风雨和忧愁。也许我们会一次次跌倒，但我们会伴随高亢激昂的歌声，迎接一个又一个挑战。

"天将降大任于斯人也，必先苦其心志，劳其筋骨，饿其体肤，空乏其身"。

怀才不遇的烛之武并没有妄自菲薄，而是在人生的最后一刻为自己的人生画上了一个完美的感叹号；苏轼在失意彷徨间豁然开朗，悟出了"自其变者而观之，则天地曾不能以一瞬；自其不变者而观之，则物与我皆无尽也"的哲理；司马迁忍大辱而著《史记》，让人高山仰止；屈大夫不随俗而沉汨罗，让人一醉江月……

磨难是奋进者攀登的阶梯，是消沉者沉沦的墓地。

正因为有了烈火煅烧，才有了精金美玉的人品；正因为有了"千磨万击还坚劲"，才有了"任尔东西南北风"的气概；正因为有了"不畏浮云遮望眼"，才有了"一览众山小"的雄心……

爱迪生不会忘记曾经的一千多次失败，乔布斯不会忘记曾经的孤立无援，华为更不会忘记曾经的险些倒闭……

只有在逆境中砥砺，在挫折中蜕变，才能成就完美的自我。

生活是一片汪洋，因为不畏风浪，找到了亚特兰蒂斯的宝藏；生活是一座山峰，因为不惧跌倒，迎来了山顶的第一缕曙光；生活是一片沙漠，因为不惧前行，找到了人间仙境般的绿洲……

作为新时代的青年人，我们要有"数风流人物，还看今朝"的自信，有"指点江山，激荡文字"的豪情，在磨难中砥砺，永葆锋芒，不负韶华！

纵使人生充满了坎坷，我犹如一只荆棘鸟，越痛苦，唱出的歌声就越婉转嘹亮；犹如一株寒梅，狂风越是凛冽，就越是怒放芬芳……

以法为治　以民为本

重庆市江津区江津中学校 初 2020 级 25 班◎陈　菊

无规矩不成方圆，纵观历史，朝代兴替，乾坤变换，所系者唯一法也，法所系者，唯一民也。

"秦王扫六合，虎视何雄哉。挥剑决浮云，诸侯尽西来。"风云初定，六合归一。秦国因大一统制度出现了短暂的统一，而后又因法度严苛，法制混乱，泱泱大国，毁于一旦。

"大风起兮云飞扬，威加海内兮归故乡，安得猛士兮守四方？"西汉初建，四境一片荒凉。而汉高祖轻徭薄赋，"兵皆罢归家"开创了一派盛世。

由此观之，一个国家无论其强大与否，都将兴于法度，亡于法度。

仁是法的延伸。春秋战国时期，孔子周游列国，提倡仁政，强调以德服人，以仁治国。虽有理，但仁政不应也不该是治国的根本政策。毕竟有许多人是不能以德服，以仁治。因此，唯有以法度此种强制手段，才能确保整个国家的基本稳定。而只有当大多数人都遵法守法后，才能使他们的思想品格更上一层，变得爱国，敬业，诚信，友善。此时再施行仁政也就并无大碍了。因此法是仁的基础，仁是法的延伸。当然，也应做到法中有仁。以法治国才是国家安定的不二法门。

水能载舟，亦能覆舟。有多少王朝因农民起义，社会动荡而覆灭。身处尊位，便更应体恤底层人民。墨子曾曰："民为贵，社稷次之，君为轻。"一个国家，其根本为百姓，若不以百姓为重，国家也将亡也。

回顾当代，家庭联产承包责任制的兴起，"一国两制"方针的实施，改革开放政策的实行。哪一个不是以人民的利益为基础，站在人民的角度看问题。因此才获得了人民的拥护，国家也就得到了更好的发展。

一条法律，若不以人民的利益及安全为基础，只是强制要求实施，如此并不会使国家有所发展，只能适得其反。

而我们如今处于法治文明的社会，作为新时代的青年，更应该遵循法律，在法治公平的社会中奋力拼搏，为自己，也为祖国谋求一个熠熠生辉的未来，创造一个和谐美好的社会。

在浩瀚的人类历史中，任何一个繁盛的王朝，任意一部饱受赞誉的法典，无不体现以法为治，以民为本之理念。唯有以法治国，以民为本，方能造就一国之兴盛。

让我们高举法治民本的大旗，朝着未来奋力前进吧！

自古英雄出少年

重庆市江津区江津中学校 初 2020 级 25 班◎谭焰林

诗仙李白曾云："十步杀一人，千里不留行。事了拂衣去，深藏身与名。"少年侠客英姿飒爽，意气风发，这也是少年该有的模样。

在历史的长河中追溯，少年人的身影从来都不容小觑。可见芈姓项羽少年天才，留下力拔山河气盖兮的美名；可见骠骑将军霍去病，驰骋疆场守卫家国安泰；可见替父从军花木兰，堪称巾帼英雄青史留名，可见抗清烈士夏完淳，文武双全才华横溢……自是谱写了我辈少年的盛世华章。时代的潮流滚滚向前，不断涌现出一道道朝气蓬勃的身影，像一颗颗不断升起的璀璨新星，在我们后辈抬头仰望的夜空中留下了难以磨灭的光芒。

再回首中国的漫漫征途，当代少年仍是勇担重任。五四运动，满腔热血的青少年们自觉扛起革命的重担，救国家于水深火热之中。他们一个个，一批批，前仆后继，坚持不懈，以少年志气举起了民主与科学的利剑，劈开了笼罩在国土上方的阴霾，也为中国揭开了新的序章。

思及当下，信息时代已然到来，高科技层出不穷，影响着整个世界发展。而新一代的英雄们已接过了挥毫历史的大笔，创造着属于他们的奇迹。2019年末，突如其来的疫情让祖国人民心生怯意，但也涌现出了大批的逆行者，感动着时代，温暖着病人，而这其中就有着不少年轻人的身影，他们是英雄！时刻激励着我们，告诉我们，守护国家和人民的重担，总要落到我们的肩上！

梁启超曰："红日初升，其道大光。"你我皆是新时代的朝阳，自应努力奋斗，为这世间多洒下一点儿光。虽然我们生活的时代没有金戈铁马，没有烽火连天，没有国破家亡，但我们仍旧不能忘记，你我皆是风华正茂的少年郎！心怀凌云壮志，暗藏胸中大义，勇攀时代险峰，赏尽无限风光。

　　正值少年的我们，不过十字开头的年纪，好比苗壮成长的树苗，还未能成为祖国的栋梁。但是，青春的我们，激情飞扬，满腔热血，这将化作滔滔不绝的力量，鞭策着我们为中华之崛起而发奋图强。待有朝一日，勇敢地接过前辈们手中的火炬，乘风破浪，终将有底气地说出："犯我中华者，虽远必诛"，成为新时代的少年英雄！

　　鹰隼初试翼，风尘自翕张，乳虎始啸谷，百兽尚震惶。美哉我少年中国，与天不老！壮哉我中国少年，与国无疆！

居安思危　经久不败

重庆市江津区江津中学校 初 2020 级 25 班◎刘　洋

　　"生于忧患，死于安乐。"圣人孔子曾提出这样的观点。居安思危，犹如春风细雨拂过花红柳绿；犹如秋风爽雨带来累累硕果；犹如冬风寒雨覆盖沧海桑田。居安思危是古往今来人们所不可缺少的忧患意识。

　　唐太宗李世民在任期间屡次询问魏徵大唐是否有危机存在，即使魏徵说没有，他也时刻担忧后世君主贪图安逸而不务正业。这便是居安思危。

　　海尔集团董事长说过："永远兢兢业业永远如履薄冰。"无独有偶，比尔·盖茨也说过："所有员工要有这样一个意识——微软公司还有三个月即将倒闭。"这看似是在杞人忧天，然则他们不过是在激励员工们要形成一种强烈的忧患意识，去不断创新，不断进取，引领时代。

　　反观清政府中后期的腐败软弱，不思进取和盲目自信地"闭关锁国"让中国被世界抛弃了几十年。当英法联军包围圆明园时，皇帝丢下江山和人民仓皇而逃。毫无忧患意识可言。

　　著名小提琴家在一次盛大的晚宴上，把琴弦弄断了，可他用残弦依然拉出了优美的乐曲。当人们问起他时，他只是淡淡地说道："我必须要有特殊能力去预知这一切，比如这次的断弦。"正如"温水煮青蛙"这个简单的故事却折射出了"生于忧患，死于安乐"的道理。

　　一个寓言故事中，野狼正在努力磨牙，狐狸邀请它加入娱乐活动，野狼没理它，狐狸问道："虎豹和猎人都离开了，你为什么还要磨牙呢？"野狼说："等到我被抓住时再磨牙就来不及了。"

　　在动物界，蟒蛇也有一种特殊的生存技巧。在食物充足的时候它仍然一口吞下比自己体形大十几倍的动物，为的就是在饥荒的恶劣环境里可以利用这些能量来生存。

所谓洪水未到先筑堤，豺狼未来先磨刀。居安思危扎根心中，方能在成功道路上越战越勇。

折戟沉沙铁未销

重庆市江津区江津中学校 初 2020 级 26 班◎王宏庆

远山云影淡，归鸿自天边至眼前，不知谁寄锦书来。烽火连三月，铁骑从塞北到中原，薄页满载思念。一页页信纸，一卷卷韦编，历史也成怅然间。因矛盾引发的悲剧，如今还在人间上演。

时间回到那个偏远而荒谬的时间。回到怀拥姬妃的周天子身上。为博千古美人一笑，大周天子拿国家安全为笑谈，令各路诸侯救驾镐京。大嗤于台上，愤恨在心间。周幽王的玩笑，让各路诸侯与天子之间有了矛盾，直接导致的是国衰民哀，三家分晋，中原战火升云烟。岁月兵荒马乱，人间草木丛生。

以美国为首的北约国，越过联合国安理会，私自对南斯拉夫狂轰滥炸，只是因为南斯拉夫国内矛盾与美国的利益有所牵连。让非洲大陆上的生灵，苦不堪言。

战争从古至今，从深海到蓝天。有席卷亚欧的蒙古铁骑，有悲血泣泪的斯巴达，也有遗臭万年的法西斯……

《孙子兵法》有云："兵者，矛盾也。"矛与盾是古战场中不可或缺的元素。《孙子兵法》被认为是中国最早的兵书，可其诠释的"矛盾"，在我看来，并非只是那些冷冰冰的铁器，而是人。以矛刺向盾，那便是"人"的形状。《孙子兵法》不是告诉我们如何用矛与盾去霸权，而是告诉我们人与人之间该如何处理人际中的"矛盾"，学会与人道相处，在人潮中求共和。

古往今来，小大战事，无不因人与人的矛盾，种族与种族的矛盾，信仰与信仰的矛盾诞生，因为矛盾，多少生灵流离失所，多少家园惨破。

你可曾见过"朔气传金柝，寒光照铁衣""国破山河在，城春草木深"？你可曾听过"四面边声连角起""羌管悠悠霜满地"？可曾听过空谷厮杀的回响？可曾见过鲜血染红的沙场？

　　矛盾带给人的痛苦不是百余字可描述的。历史，绝不只有重量。我们生活在新时代的蓝天下，战争不常有而矛盾恒在，处理好矛盾，是我们毕生的课题。唯愿加入历史，参与书写之列，跟随国家与时代的潮流，不断向前。

生当若水

重庆市江津区江津中学校 初 2020 级 26 班◎徐 睿

水，流淌在源远的历史长河中。

水蕴万情，荆轲"风萧萧兮易水寒"的置生死之度外；李煜"恰似一江春水向东流"的浮生若梦的感伤；苏东坡"大江东去，浪淘尽"回望历史的豪迈；李太白"仍怜故乡水"无以割舍的思乡之愁；抑或是杜子美"江水江花岂终极"的忧国之痛。然而最令我叹服的是老子"水善利万物而不争"的平静而深远，与世无争的旷达胸襟。无固定之形，无穷尽之时。这便是水之本色。

水，孕育万物。虽包容却不柔弱，虽顺应却不同化。平静之时，如潺潺溪流；坚强之时，如滔天巨浪。孙膑昔日，同门迫害，寄身槽枥之间，谁料运筹帷幄，铸就兵家传说；勾践昔日，越国倾覆，屈居卧薪尝胆，励精图治，重振春秋霸业；司马迁昔日，含恨入狱，饱受宫刑之辱，却忍辱负重，落笔不朽之书。处世当如水，虽早在打压和挫折下遍体鳞伤，支离破碎，仍以至强之心支撑至弱之身，厚积薄发。同样，人亦当若水，顺应历史大潮，虽身挟泥沙，仍不忘本心，荡涤污浊。虽景仰陶渊明"不为五斗米折腰"的清白秉公和刘禹锡的"斯是陋室，惟吾德馨"的遗世独立，但更令我钦佩的是纪昀的独善其身。朝廷的污浊风气，性命与坚守的抉择，他都能游刃有余。表面上，他是怯弱的，但牺牲不一定有成效。久经朝野的他早已准备好，乾隆离位之际，必成和珅埋骨之时。

水总是悄无声息地带来久旱后的甘霖，却不着痕迹地无影无踪。为人当如水，心境澄明，往来从容。同为辅佐勾践之臣，文种贪念高官厚禄，无意离去；范蠡深知勾践为人，舍弃欲望，悄然远去。范蠡抛除杂念，从此如一渠清水，流出尘世，看淡世俗，此后的三起三落广为称颂。而文种，没了水的随性，被纷杂的利欲所污浊，化为一摊稀泥，欲望的膨胀令他惨死。纵然结局令人叹惋，但无不警示对于功名利禄的认知。"水能载舟，亦能覆舟"，本是君与民的关系，同样形象地揭示了功成名就和身败名裂的因素。心境如水，唯善取舍，方能直抵彼岸。

世间混沌，生当若水，以涓涓细流交汇出生命长河。水至清，处世之逸，为人之洁。

观今宜鉴古　无古不成今

重庆市江津区江津中学校 初 2020 级 26 班◎刘雨涵

后人哀而不鉴之，亦使后人而复哀后人也。

——题记

"起初，没有人在意这一场灾难。这不过是一次山火，一次旱灾，一座城市的消失，一个物种的灭绝——直到这一场灾难和每个人息息相关。"

一粒时代的尘埃，落到一个家庭头上，就是一座山。历史最让人动容的地方在于多年后书上轻描淡写的一句话，承载了百万鲜活生命的整整一生。

中世纪欧洲黑死病致死五千万人，人类历史上肆虐了三千年的天花直到近代才被消灭，还有每年冬天的流感，HIV，中东呼吸综合征以及近来再次活跃的埃博拉……

翻开中国史书，疫年并不稀少：天启三年，明军平定奢寅时有大疫；崇祯八年，"露宿凡十旬，皆患疫疠者不能军"；康熙四十八年，"天疫，自春及秋死者过半"……建安二十二年，在那场"或阖门而殪，或覆族而丧"的瘟疫里，建安七子死了五个，曹操大举进攻孙权，却急急忙忙无功而返，而孙权也开始进贡给曹操，谋求暂时和平。在那个遥远的年代，拜神、驱鬼、祭祀……被蒙上了一层更加神秘莫测的面纱，百姓慌乱、惊恐、悲伤，却不知所措。张仲景后在书中言，愚蠢的人才会以为这是鬼神作怪，用法术驱赶，这是愚蠢得可笑。

时至今日，古人的话仍振聋发聩。

我们不信鬼神，不信谣言，只相信国家和中国政府。如今，国内疫情暂时稳定，国外却仍在蔓延。中国数千年历史打磨出的大一统制度和理念，正向全世界展示如何破解个体理性与集体理性矛盾的困局。中国文化中浓厚的集体协作精神，支撑了历史常态的集权制度理念。它的背后，有我们的文化支撑，也就是我们对统一国家，"寸寸是祖国，人人是同胞"的共识。这是基于国家精神和种族历史形成的精密制度。而反观那些不顾政策劝阻，甚至可以挑战疫情防控的西方国家，喊着"自由""人权"的口号，不惜牺牲集体和国家的利益。他们的分权、分治理念，正在遭受史无前例的冲击。

　　今天是历史积淀而来的。

　　中国，用数千年激烈的内部碰撞与教训，学会了兼顾集体利益与个体利益，合则共利，分则俱伤。

　　也许将来人回望今年，这只是历史上一个小插曲，就如同曾经那么多次发生在这片国土上被一笔带过的瘟疫。我们真诚追思那些消失在历史长河中的生灵，缅怀在这次战疫中牺牲的生命。我们的国家曾经也许不够强大，面对天灾人祸乱了阵脚，但至少今天，科技繁荣，文化繁茂，城市繁华。

　　"天高海阔万里长，华夏少年意气扬，发愤图强做栋梁，不负年少。"2020是一个崭新 20 年代的起点，吾辈更应接过时代的接力棒，在波澜壮阔的复兴海上，以史为鉴，照亮未来，承继先人之志，不负时代之望，将满腔热血投入民族复兴之伟业！

浪潮翻涌　吾心依旧

重庆市江津区江津中学校 初 2020 级 26 班◎邹宛辛

古语有云："不忘初心，方得始终。"

我一直相信，生命的本质，在其深处。它不显露，一般透过直觉去感知，无论有多大的汹涌，初心依旧。

宋代著名诗人苏轼，一生三起三落，颠沛流离。但在起落的一生中，苏轼从未改变自己的初心，他始终坚守直言敢谏、爱国爱民、清正廉洁的政治操守，无论他在什么官位，他始终以百姓为主。

人生只有一次，生命无法重来，要牢记自己的初心。在回头望自己走过的路，回忆起当初的念头，经常让自己回到起点，给自己鼓足从头的勇气，经常纯净自己的内心。

三国的吕布在诛杀董卓时被其旧部击败，依附袁绍。他随后在他人劝说下去袭击曹操的营地，结果独立专行，被曹操击败。当初的他雄心勃勃，怀揣着一颗纯粹的心，但在战场几十年的闯荡，早已被一层层迷雾所包围，失去了初衷，被野心所笼罩，意气风发的一代风云人物死在了他人的剑下。这不正是一个例子摆在我们眼前吗？前人用血的教训印证了一个个道理与事实，而我们作为后人，正应以此为鉴，牢记心间，不犯同样的错误。

习近平主席在建党 95 周年大会上，向全党郑重发出了"不忘初心、继续前进"的伟大号召。何谓不忘初心？那就是吸取前人的教训，高举马克思主义伟大旗帜，不忘我们的优良传统和独特优势。作为学生的我们，要做的就是不再重蹈覆辙，而是坚守自己的初衷，不因外界诱惑而动摇甚至是改变，要选择正确的道路，选择了就不要后悔，勇敢坚定地走下去。正如习主席所说，不忘初心，牢记使命，什么困难都能克服。

我只愿心怀清欢，以清净心看世界，以平常心过生活，即使外面浪潮翻涌，吾心依旧。

大道之行　天下为公

重庆市江津区江津中学校 初 2020 级 25 班◎王渝坤

·

在古代，人们把理想的社会称为大同社会。和谐，安居，乐业，永远是理想社会的稳定基调。一个人，一个家庭，一个国家，因为有了和谐，才会祸福相依，互相映衬，互相促进，共同编制未来的蓝图。

"各美其美，美人之美，美美与共，天下大同"。大同究竟为何物？从字面上看，顾名思义，便是天下各种事物都相同，都相等，都受到平等的对待。而大同社会的基本特征，在礼记中有详细记载，一是人人都能得到社会的关爱，二是人人都能安居乐业，三是货尽其用，人尽其力，这才叫大同社会。人人敬幼，人人爱幼，无处不均匀，无人不暖的理想社会，百姓的衣食住行，不再"冷暖自知"；百姓的期望憧憬，不再化为泡影；百姓的哀声载道，官员们不再"装聋作哑"。

从春秋末年到秦汉之际的大同思想，而此时期也正是中国古代社会制度发生剧烈变动的时期，因为战争，诞生了大同思想；因为纷乱，唤醒了人们对和平尘封已久的祈愿。但历史总是如此，大同思想并未被任何当权者采纳，可想而知，大同的施行之路任重道远。对于统治者来说，施政，掺杂的不仅仅是民生问题，还有各种各样的利益和政权问题。所以，大同对于他们而言未必显得幼稚而单纯，而宦官朝臣更是嗤之以鼻，只能沾染其色彩，而无法使其成为时代的主色调。

从近代史来看，大同几乎从未踏进时代的圈子，而帝国主义的侵略，专政独权的局面更是层出不穷。社会上，抢劫偷盗的现象靡然成风。1912 年，袁世凯就任大总统称帝，独裁专制在被一场大雨扑灭后又熊熊燃烧；1937 年，日本帝国主义的侵入，更是为中国前进的脚套上牢牢的枷锁，人民处于水深火热之中。而在此之前，中国共产党的成立，为中国带来了曙光，带领人民逐步走出困境。

经历了十四年抗日战争，在中国共产党的领导下，中国踏上了新征程，在习近平主席的领导下，提出了四个自信，道路自信，理论自信，制度自信，文化自信。

习近平主席说："中华民族的先人们早就向往人们的物质生活充实无忧，道德境界充分升华的大同世界。中华文明历来把人的精神生活纳入人生和社会理想之中。"大同思想得到采纳，体现的是一种民族灵魂的觉醒，踏入美好未来的新的宏图和锦绣前程。"前人植树，后人乘凉"。前辈们把大同思想的精粹总结起来，而对于逐渐步入和平稳定发展状态的社会，更需要一块稳定的基石，带领人们走向更加美好的未来。大同思想的获取，也是一种传承文化的优良方式。一个国家的治理与文化传统密切相关，或许有人认为，政治和文化是分开的，政治处于现实状态，而文化处于理想状态，事实上，如把两者结合起来，也能达到一种理想状态。

一阵风徐徐吹过去，年轮踏过的千年风华里，令人叹息，令人仰止。历史沉睡了千年，那匆匆走过的时光里，脚步是如此厚重，唯有那流淌的涓涓细流，吟诵着古老的诗，引领人类走向明天，走向未来。

以诚齐家 以信治国

重庆市江津区江津中学校 初 2020 级 25 班◎张芸菲

风，悄悄地拂过，吹开了已布尘埃的《论语》，耳畔似乎又想起了曾子每日三省时说的话"与朋友交而不信乎"。我穿越历史的隧道去探寻，看见了一诺千金的季布，亦拜访了诚信远扬的晏殊，跨越千年，我发现原来家以诚齐，国以信治。

何为诚信？"言必信，行必果"是我听过最好的解答。诚信乃一人立身之本，谈之易，行之难。生于尘世，诚信二字无可避。于己言，可以修身养性，亦是个人骨子里透露出的高贵品质，是自身最为宝贵的财富；于他人而言，"诚信者，天下之结也"，不仅可以结交诸多好友，而且对人以诚，人必回之以诚，可留下良好的信誉与美名。

曾子之妻曾答应其子杀猪给他吃，本是欺哄孩子的玩笑话，曾子却坚持行之，他说："小孩子本来不懂事，跟着大人的样子学，现在你欺骗他，无异于教他骗人，这怎么能教好孩子呢？"说完，为子杀猪。对于家人而言，曾子树立了诚信的标杆，特别是对于幼子，即使是玩笑般的承诺，也一定说到做到，在孩子心中种下了诚信的种子。现在社会，家长重视培养孩子的诚信品质，却忽视了最为重要的以身作则，只有将诚信的行为带入家庭，营造良好的诚信家风，才能从根本上培养孩子的诚信行为，将诚信意识嵌入脑海，铭刻心中。

韩非子曾说："小信诚则大信立"，不仅齐家，治国也需要诚信。商鞅为助秦王变法，在人民心中立信。曾以十两黄金赏赐将木头移到北门之人，无人，而又增至五十金。终有一人将木移至北门，赏金五十。后来在新法颁布时，人民才信之，行之。由此观之，在小的方面能够做到诚信，别人才有理由在大事上选择相信，若在小事上都不能做到言出必行，那在有大事之时，他人凭何信？

商鞅徙木立信以图变法，而治国又何不若此。颁布的法令，须要真实可信，为人民服务的诺言，须体现在方方面面。待人以诚，待民以信，从基础民生做起，让老百姓真真实实感到幸福，才能推动社会形成良好的诚信氛围。若朝令夕改又或如周幽王烽火戏诸侯，那最终结局又与西周何异？

诚信是个人的财富，也是国家的精神食粮。如果我们每个人活成一束光，那么中国必将是闪耀的太阳。请从真诚的祝愿开始，对自己真诚，对他人真诚，树立正确的诚信观念，助社会营造良好的诚信之风，让国家的精神世代不衰。

从书中走来，亦放入行中，千年的哲理让诚信之根扎土延伸，中华儿女必让诚信之花在广袤大地上繁茂绽放！

忧中生 逸中亡

重庆市江津区江津中学校 初 2020 级 25 班◎张　芮

历史书太小，装不下一个人波澜壮阔的一生；历史书又太大，装下了中华上下五千年。在历史书上，你随便翻过的一页，用笔画过的内容，很可能是他们的一生。唐太宗云："以史为鉴，可以知兴替。"历史的记忆总是在黑暗中闪耀着微茫的灯火，文明的脚步一直在探索中风雨兼程。

古人有云："生于忧患死于安乐。"回首中国上下五千年文明史，盛衰之事，一切都还历历在目。

隋唐时期的中国不愧于"东方明珠"的称谓，繁荣昌盛，兴旺发达，引得无数外来使者前往学习。然而到了晚清，统治者沉浸在成功的喜悦中，沉浸在先王战下的成果中，饱食终日，眼看着侵略者的铁蹄踏遍了中国每一个角落。一系列丧权辱国的条约的相继签约，使得"大清帝国"最终走到了尽头。

他们视历史于不顾，他们没有铭记历史的经验，他们没有吸取历史的教训，导致中国再一次陷入困境。那一次次的侵略，给予了人们太多的悲愤，刻下了太多无法抹灭的伤痛。虽然斑斑点点，但却让人刻骨铭心。从八国联军侵华战争到日本全面侵华战争；从旅顺大屠杀到南京大屠杀；从签订不平等条约到火烧圆明园，被定格在这一段屈辱的历史上的是人类的正义与邪恶，是文明与野蛮，和平与暴力。有人认为自己没有错，有人不敢直面现实，有人选择逃避。那不是勇者，更不是智者。

自以为是，没有自知之明是历史给中国贴上的标签。而导致这一切悲剧发生的根本原因，还是那不被人重视的忧患意识，这一次次悲惨的结局正昭示着我们"居安思危，有备无患"。这是中华民族历经几千年坎坷磨难而形成的精神特质和生存智慧。

忧患意识，其表在担忧，其内在担当，其源在情怀。"畏危者安，畏亡者存。"前事不忘，后事之师。习近平总书记提出："历史是最好的教科书，也是最好的清醒剂。"常回头看，才能以史为鉴，面向未来，做到既不忘初心，又不墨守成规。无事深忧，有事不惧。不应该沉浸在鲜花与掌声中，不应该盲目乐观，自我膨胀。如临深渊，把每一天当作世界末日，这样才能使之进步。

"凡祸患，以安乐生，以忧勤免，以奢肆生，以谨约免，以觖望生，以知足免，以多事生，以慎动免。"人生难免起起落落，但切勿安逸享乐而忘了自己的身后到底有多少双觊觎的眼睛。

借历史　鉴现实

重庆市江津区江津中学 初 2020 级 25 班◎杨翅瑜

生存，还是毁灭，这是一个问题。一个王朝的落幕，标志着另一个新王朝的诞生。历史的变迁，总是在不经意间，是意料之外的意料之中，亦是意料之中的意料之外，每个时间的转折，也是历史的必然。

没有哪一个王朝逃过了君王的荒谬。周幽王为博美人一笑，不惜烽火戏诸侯；刘禅乐不思蜀，沉溺在歌舞玩乐之中；唐玄宗不过是为杨贵妃营造了一场大唐盛世的假象。

如同孟子所说：生于忧患而死于安乐。温水中的青蛙会在死亡的路途上越走越远，不知不觉间，鲜活的生命成为一块没有任何神经能反应的软肉了。

想要使一个人走向灭亡，捧杀比棒杀来得更快。同样，王朝的更迭如同戏台上的你方唱罢，我登场。下台的那个被时代抛弃，黯然失色；在台上的那个引领着时代，熠熠生辉。

打开历史的卷轴，谁都会看到登台之前的血腥，纷乱以及坚韧不拔的决心。

越王勾践卧薪尝胆多年，最后报仇雪恨，一洗国耻；隋炀帝过度消耗国力，引起了起义和叛变，而李渊便在这腥风血雨中建立起了大唐王朝；偏安一隅是南宋最后的妥协，却在蒙古的蛮横中灰飞烟灭。

每个王朝的建立都有一段血腥蛮横的过往，但也可以看出领导者的最坚毅的决心和被压迫的不甘心。希望有朝一日带领着部下和百姓走向歌舞升平的盛世。

以铜为镜，可以正衣冠；以史为镜，可以知兴替；以人为镜，可以明得失。前人总是不断总结前朝的兴盛替灭，而后人，似乎忘了这一面镜子，效仿前朝的衰亡历程，使自己走向最终的灭亡。

我们如果能在贫贱忧戚中，不忘初心，坚守着心中最初的理想，便有了前进的动力；如果能在赞扬声中，仍然坚守自我，不浮躁，不动摇，这便是通往成功的一条捷径，未来的轮廓便会在心中逐渐清晰明了。

以史为鉴，知兴替，望未来。

思前人之事　谱后世之章

重庆市江津区江津中学校 初 2020 级 25 班◎袁雪菲

　　泱泱华夏，赫赫文明。仁风远播，大化周行。中华从历史深处风尘仆仆地走来，滚滚长江的浪花上记载着她的往事，黄土高原的沟壑上书写着她的底蕴，巍峨泰山的巉岩上刻画着她的变迁。古人为后代留下了智慧的结晶，我们有了这些前车之鉴，才得以踏着历史的脚印生存发展，繁衍生息……

　　观古，有著名的商鞅变法。这是一场成功的变法，也是一场影响中国千年的变法。商鞅作为中国历史上第一个真正彻底的改革家，他废井田，开阡陌；他免徭役，废特权；他建县制，奖军功……这在当时都具有超前的思想意义，为什么秦朝能如此强盛？也关乎于乐于改变，善纳谏的秦孝王。时代的风向，社会的潮流不断在变，要想成功，就一定不能拘泥于旧状态，而应该主动去改变自己的漏洞和不足。"古之成大事者，不惟有超世之才，亦必有坚韧不拔之志。"车尔尼雪夫斯基也说过："每一个成功者都有一个开始。勇于开始，才能找到成功的路。"勇于改变，也许就会像齐王纳谏后战胜于朝廷般成功。

　　通今，有伟大的改革开放。改革开放是中国和世界共同发展进步的伟大历程，不仅深刻改变了中国，也深刻影响着世界。改革四十二年来，中国发生着翻天覆地的变化，5G 网络的迅猛发展；世界首个高铁下穿航站楼——北京大兴国际机场的投运……类比于商鞅变法和齐王纳谏。无论古今，"改革和变法"总是使一个国家走向强盛的关键。也正是因为古代有许许多多类似于商鞅的变法家，或像商鞅一样成功，抑或像王安石一样失败。他们的经历都为后世奠定了政治基础并留下了深远影响。也许在我们看来这种影响是微乎其微的，但在一定程度上，我们在走他们走过的成功之道。

现代社会总脱离不了历史，历史就像照明灯，我们从中汲取智慧，寻找方法，也从中感悟道理，作为当代青年，更要以史为鉴，照亮未来。

高山仰止　景行行止

重庆市江津区江津中学校 初 2020 级 25 班◎王渝坤

"博闻强识而让，敦善行而不怠，谓之君子"。古往今来，君子而未受圣人贤士所敬仰，听闻"谈笑有鸿儒，往来无白丁"。大概就是这个境界吧。

历史的长河奔流不息，汇川河流日换星移，大浪淘沙之后遗留下的，唯有褚遂良"良史直书，不避善恶"的刚正，还有孟子"富贵不能淫，贫贱不能移，威武不能屈"的高尚情操，更有岳飞"出师大捷收六郡，名扬震五洲"的报国之志。高山且仰止，景行且行止。

伯夷与叔齐本是商末孤竹君的两位王子，纣王残暴，他们便为了躲避纣王与东夷人在北海之滨一起生活。听说西方伯主周武王兴起，国内稳定，生产发展很快，回去后却发现周武王讨纣的大军，两人叩马而谏，差点死于士兵之刃下。周商大战，血流成河。由于纣王阵前奴隶临阵倒戈，才取得决定性胜利，灭商立周。伯夷叔齐认为做法可耻，发誓不碰周朝粮食。每日到首阳山摘采薇填饱肚子。暂且不说伯夷叔齐从根本事件上来说，并未承担负国之任。临阵求乞于故阵，的确显得有些低贱，伯夷亡国后，不食周粟，仅摘采薇，这种高尚的节操，博得称颂。

不食周粟，不仅体现了个人的荣辱，也体现了一个民族大义下的不屈气节。"有的人活着，他却死了，有的人死了，他却活着"。生而为人，何以为人？在面对不断的挑战，不断的荆棘，那些依然能够一往无前的人。中国近代到现代火箭式的飞跃，绝不是仅凭是几张书纸，几堆白骨足以概论。任凭他国虎视眈眈，觊觎良久，中国人在泥泞中匍匐前行，枪杆子之下才出真理。唯有能力足以自力更生，才能够护自己周全，护人民周全，自身强大，才是立国之本。作为新时代的青年，只有不负韶华，才能砥砺前行。

　　成为一名优良，谈吐得体，举止优雅的君子，而并非成为一名伪君子。在不断地学习及获取成就的道路上，有一种我们的身后尾随，一生也许无以摆脱的东西，那就是虚荣。成为一名君子，我们的目的是报效祖国，发挥才能，而非驰骋于名利场中，追名逐利。我们始终要把自己与虚荣心放在一座平衡的天平秤上，互相制约，互相恪守，在这样的规则之下，才可见君子的雏形。

　　明月清风并非只供雅士之乐，春花秋月也并非庸人之赏。君子怀天下，兼爱，无清高自傲，心怀大海，才足以名副其实。高山仰止，景行行止。

一把心锁　一世清廉

重庆市江津区江津中学校 初 2020 级 25 班◎邬湘洁

铜锁落柴扉，拦住坏人的居心叵测；铁锁铐手腕，制住心怀鬼胎的犯人；心锁落心门，挡住如狼似虎的杂念，让我们多一分名利前的淡定，多一分诱惑前的坚毅，多一分去留前的从容……人生在世，该有一把锁，守住清廉之心。

后魏大臣崔光一世清廉，正是因为他懂得应铸一把锁，时时锁在心间。锁落心间，征于行动。后魏自太和迁都之后，国家殷富，库藏盈溢。一日，胡太后赐百官负绢，要求量力自取，大多朝臣亦能称力而去。唯有章武王元融和陈留侯李崇，因扛得太多而蹶倒伤踝。太后不与两人，责其空手回去。而侍中崔光只取两匹，太后诧异问之，其却对曰："臣有两手，唯堪两匹，所获多矣。"众臣服其清廉。一把锁，让我们在面对欲望的时候，能保持平常心态，不为官欲所累，不为名利所牵，让我们能珍视身边平淡的幸福，坚定我们心中纯真的信念，在选择的路口看清迷雾后的危险和风景。

后胜缺一把锁，后胜任齐国的宰相后，敌国秦派人送重金给他，后胜的宾客、仆从也经常收受秦国的金钱，于是他们共同力劝齐王不要援助其他诸侯国，致使秦得以将其他诸侯国各个击破。后秦攻打齐国，齐国因后胜当政，军心懈怠，无人敢战，秦兵不费吹灰之力而亡齐。只因后胜缺了一把锁，没有守住心中的信念，该有的责任，让国家的门不再坚固，放进了歹人，毁了家，亡了国。一把锁不可谓不重要。

洪应明曾经说过："栖守道德者，寂寞一时；依阿权势者，凄凉万古，达人观物外之物，思身后之身，守一时之寂寞，毋取万古之凄凉。"心中有一把锁，就会明白：得到了不该得到的得到，必将失去不该失去的失去。

　　唐代大臣王昌龄，即使仕途失意，也依旧清廉为官，清白做人，写下"洛阳亲友如相问，一片冰心在玉壶"的名句；俭以养德的刘禹锡也在担任和州刺史时在陋室中感叹"斯是陋室，唯吾德馨"；名垂千古的孟子也问道："万钟则不辨礼义而受之，万钟于我何加焉？"……廉洁，是出淤泥而不染的清莲，是山涧间缓缓流出甘泉，是任狂风怒吼也平静如一的湖水。

　　铸一把心锁，守一世清廉。

孤举者难立　众行者易趋

重庆市江津区江津中学校 高 2022 级 14 班◎陈佳佳

中国这个古老而崭新的国家，以五千年的智慧，为世界写下具有中国特色的注脚。

看丝绸之路，黄沙也无法阻挡文明交融的冲动。忆往昔，驼铃声声，不绝如缕；观如今，铁骨铮铮，自强不息；展未来，天日昭昭，鸿鹄显志！无论从前抑或是现在，他联系着中西，连使者在各方面都相差极大的地域。纵有闭关锁国的惨痛遭遇，可仍然掩盖不住其熠熠生辉的历史与未来。

长安繁华，塞北苍凉。为抵御猖獗的匈奴。张骞的骏马迎着朔风嘶鸣而过，欲与月氏结盟夹击匈奴。可不曾料想，他将周边联系了起来，两地的经济文化交流频繁，极大程度上促进了当地文化的发展。

环视当今世界，复杂深刻的变化正在发生。我们应该坚持这条促进共同发展，实现共同繁荣的合作共赢之路。"一带一路"带动了全球化，是为当地创造就业机会，为当地做了一些他们目前做不到的事情。"一带一路"不只是中国去做一件事，还是去带动沿线国家一起去共建"一带一路"，是沿线所有国家都共同参与，而不是中国一家！

历史上的中国，从未寻求领土扩张与霸权！不论是张骞的两次出使西域，还是郑和七下西洋，与诸多南洋国家建立起朝贡关系。无一例外，他们未曾向西方列强一样进行残忍的殖民扩张，相反，他们积极的给予沿线国家的许多帮助。

丝绸之路秉持着和平开放，包容，互信，互利的精神。立足当下，领海摩擦，强权政治，实乃危机四伏！为解决这些问题，需要的不正是这一种精神么？它是通往和平的大道，它能创造一个和平的可供发展的环境，它能促进更多的合作，减少没有必要的冲突。

　　中国像个古朴褐衣的老者，站在历史的长河中，轻抚着昔日的记忆，他用他那凝聚了五千年的智慧，打破了世界这座孤岛，并始终秉持着——各美其美，美人之美，美美与共，天下大同的态度，于重重浪涛之中书写着新一代的灿烂与辉煌！

民族的脊梁——苏武

重庆市江津区江津中学校 高 2022 级 14 班◎陈　轩

恢宏的华夏大地孕育了五千年的历史，伟大的中华民族铸就了五千年的辉煌。漫漫历史长河中，仁人志士浩若繁星，中华美德熠熠生辉，民族精神世代传承。

遥记得汉武帝时期，苏武奉命以中郎将持节出使匈奴，却不料被无端扣押，更被流放到北海苦寒之地，只有与汉节和公羊为伴，以冰雪和毡毛为食。在身体与精神被摧残十九年后，苏武终以须发皆白、步履蹒跚、妻离子散之态归汉。苏武忠肝义胆的爱国情操感天动地，不为高官厚禄，更不为后世虚名。长安的殿宇山长水阔，天子的垂怜遥遥无期，苏氏的亲眷生离死别，他独守着北海的荒凉，一任半生的大好年华都化作一杆瘦影，孤立于万丈瀚海。然而这身影却遥映着大汉的志气，支撑着大汉的天地。

倘若苏武和李陵一样，被眼前的现实压力所击垮，卑躬屈膝，侍奉新主，或许早已门庭若市，享受无尽的荣华富贵。然而，历史终究不能假设，正是由于苏武的执着，才给中国人民留下了一笔宝贵的精神财富。

缅怀苏武，以观当下。在当今国际形势错综复杂、瞬息万变，网络舆论居心叵测、难辨是非的情况下，我们更应该进一步学习、弘扬苏武的精神。这是因为苏武终其一生的个人遭遇告诉我们一个真理：一个没有高度爱国认同感的民族是走不长远的。正如邓小平同志所倡导的，国人在国家利益面前，不仅要有人格，更要注重国格。进入新时代，在人民群众对美好生活的向往就是我们的奋斗目标这一崇高理想的指导下，我们要深刻认识苏武给予我们的警示，那就是不计个人荣辱得失，始终心系祖国，同丑化革命先烈，贬低中华文明，赞美崇洋媚外的社会现象做斗争。

"生是大汉人，死是大汉臣"的爱国之声铸就苏武的铮铮铁骨，更铸就了中华民族的坚挺脊梁。苏武犹如一盏明灯，让中华民族这艘巨轮在黑暗的大海中航行时，始终有一个矗立不倒的灯塔，指引着中华民族乘风破浪，勇往直前。

唯有青冢在人间

重庆市江津区江津中学校 高 2022 级 7 班◎欧俊伶

　　强大的中华民族的背后，绝不是势单力薄的单民族力量就足以济世的，民族的和平统一才是一个国家强盛的基础。

　　因为汉元帝的画图不识春风面，王昭君被选中与匈奴和亲，她把中原的文化带到了边疆，也为两个民族带来了和平，结束了匈奴多年的分裂和战乱，而且为中原王朝的大一统奠定了基础。她生长在乡村，倔强在皇宫，绽放在大漠，千载的琵琶弹不出她的思念，千年的词曲赞不尽她的功劳。

　　身在大漠的她，虽然远离亲人，远离家乡，远离皇宫的荣华富贵，但她也获得了幸福，获得了内蒙古人民对她的爱戴，大汉也获得了稳定的民族根基。她的出现，结束了中原与少数民族近半个世纪的战争，仅仅一个小小女子就做到了百万大军所做不成之事。她留给我们的是永叹不衰的昭君心，是萦绕不散的民族情。

　　昭君文化也不只是一个美女的文化、单个民族的文化，而是"天下一家"的文化，是中华民族"谁也离不开谁"的文化。纵观历史，文成公主与吐蕃的联姻，元朝的大一统和郑成功收复台湾，无一不证明民族和平统一直是历代王朝的心愿。民族的和平统一在今天，也尤为重要。中国几千年来的民族交往，已经将民族的和平统一深入到每个中华儿女的心，民族情已经成为我们民族历经磨难而世世代代生生不息的精神支柱和力量源泉。时代在变，社会在变，唯独不变的是民族情。

　　然而在那大青山的脚下，人们永远不会忘掉的，是那被称为青冢的昭君墓。因为在内蒙古人民的心中，王昭君已经不是一个人物，而是一个象征，一个民族友好的象征；昭君墓也不是一个坟墓，而是一座民族友好的历史纪念塔。

回顾过去，56个民族在社会主义的大道上，风雨同舟，并肩奋进。展望未来，各民族在党的领导下共同团结奋斗、共同繁荣发展，一定会谱写中国民族的崭新篇章！

幻想与斗争

——绥靖政策失败的启示

重庆市江津区江津中学校 高 2021 级 9 班◎熊　凌

英国前首相温斯顿·丘吉尔在评价第二次世界大战时曾提出，这是一场"不必要的战争"。他的观点意在强调，如果西方大国不是执意推行绥靖政策，这场浩劫本可以避免。

所谓"绥靖政策"，概括说来就是十二个字，即"姑息纵容、牺牲弱国、保全自己"。20 世纪 30 至 40 年代，该政策被以英、法、美为首的西方大国广泛运用，用以对付德、意、日法西斯势力。最终，在该政策的刺激下，法西斯各国野心膨胀，势力进一步扩张。绥靖政策的推行，是"二战"爆发的重要原因。

英国著名的政治讽刺喜剧《是，大臣》（Yes, Minister）中有一句台词："政府不关乎善与恶，政府只关乎治和乱。"（Government isn't about good and evil. It's about order or chaos.）也就是说，国家政府首要考虑的是国家利益，而不是道德准则。我认为，后半句话确实有一定的道理；但对于前半句，我不敢苟同。启蒙思想家让－雅克·卢梭论述说："理性正义的崇高准则是'像你希望别人如何对待你一样对待别人'，而怜悯心却让人类遵循另一个天生善良的准则：'在尽可能不损害他人利益的前提下追求自己的幸福'。"试想，如果世界各国都抛弃"理性正义"，强调本国利益优先，肆意践踏国际法和国际道德准则，世界和平将被置于何处？我们从历史中也能看到，所有置他国利益于不顾的霸权和强权的推行，其结果必然是损人害己、自吞苦果。

当张伯伦从慕尼黑返回伦敦时，他走下飞机，挥舞着手中《慕尼黑协定》副本，朗声道："我们赢得了一代人的和平！"这时的他恐怕未曾料到，不到一年后，德军就占领了波兰；而巴黎沦陷，仅仅是在不到两年后。

曾领导抗意斗争的前埃塞俄比亚皇帝海尔·塞拉西说："纵观人类历史，有能力行动者却袖手旁观，知情者却无动于衷，正义之声在最迫切需要时保持沉默，于是邪恶方能伺机横行。"制止邪恶的唯一方法，不是软弱退让，而是大声说"不"。

对于个人生活来说，我们必须认识到，任何的置若罔闻、姑息纵容，不仅助长了施暴者的嚣张气焰，更是对受害者的二次伤害。因此，对于生活中的一切非正义行为，我们都应当挺身而出，阻止伤害的扩大。对于国际关系而言，包括国际法、国际惯例在内的国际基本道德准则，应当成为各国交往的前提和基础，并应当被严格遵守。更进一步，各国应当认识到，每个国家的命运都与他国命运息息相关、休戚与共，唯有求同存异，才能实现和平与发展。

总之，我们每个人都应当尽可能做到这一点：看到弱者知道同情，看到邪恶知道愤怒。而在遭受不公正对待时——不论受害的是别人还是自己——我都希望你能挺身而出。不论事件影响多大或多小，每一个这样的你，都是英雄。

鸦片战争：放弃幻想 直面苦痛

重庆市江津区江津中学 高 2022 级 7 班◎丁逸飞

历史总是有趣的，他会在你不经意间让你发现原来很多历史都在重蹈覆辙。像是上天的戏弄，又像是一种黑色幽默。

1840，这个值得所有国人铭记的年号，中国发生了翻天覆地的变化，英法的船只炮火将中国层层封闭的大门恶狠狠地闯开了，由此中国陷入了被列强逐步瓜分的狂潮之中。

且不论外因，清政府的思想落后便足以成为失去自己崛起的一个巨大弱点。清朝前期中国发展兴旺，百姓和乐，一幅太平盛世模样，正因如此，执政的几位皇帝见到他国进贡的洋物，便普遍瞧不大上，认为自己国家地大物博，这些东西不足挂齿，未曾想正是这些不足挂齿，打的中国千疮百孔，见识了洋人的坚船利炮，慈禧太后依旧不思进取，竟相信义和团是神兵天将刀枪不入，草率地向数国宣战最后自食恶果，殊不知这世上怎么会有神兵，只有自我振奋国家才能富强，当清政府幡然悔悟妄想力挽狂澜却为时已晚，好在清朝虽已风雨飘摇，中国却为时不晚。

2020，这个也值得所有国人铭记的年号。疫情的出现，让中国又一次出现了堪称国难的巨大危机，但中国早已不是曾经羸弱不堪的晚清政府。我们在危难中表现得沉着冷静，武汉封城，医师支援，官兵保护我们完成了一个又一个在他国看来不可思议的壮举，多难兴邦，越是在这种危难中越能展现一个国家的团结力量！我们没有再像曾经一样幻想着别人的帮助，而是依靠自己破除了困难。

反观欧美大国，"用围巾代替口罩""免疫功能能杀死病毒"等愚不可及的谬论，属实荒谬而可笑，也正是这些导致各个地区发生游行暴动，疫情更加一发不可收拾。

依靠幻想，用虚无缥缈的言论只麻能痹民众一时。只有认清现实，承认事情的严重性，与民众共进退，才能凤凰涅槃，开启一个崭新的时代。

接受平淡　拒绝平庸

重庆市江津区江津中学校 2022 级 5 班◎杨凡正

纵观历史沉浮，回顾朝代变迁，千古帝王赞颂胜过天，而汉高祖刘邦理应在千秋万代中脱颖而出。

一位平民百姓凭借自己极高的情商，招纳广贤，善用人心，最终登上皇座。以布衣提剑，能斗智时绝不斗力，汉皇千古一英雄，休笑当年马上功，试为后来为帝者，谁人曾出范围中。这是何等的智人，如此胸怀大志，理应得天下。

当刘邦率领大军攻入关中，进军霸上，秦王子婴迫于威严将咸阳双手奉上。刘邦不贪图荣华富贵，并没住进豪华的王宫，反而封闭王宫，只派兵保护，随后立即还军霸上。为了安抚受秦压榨的百姓，他废除严刑苛法，并约法三章，使其社会秩序得以稳定。

刘邦的豁达大度，深谋远虑使人敬佩，他的一言一行，月月累积都为他将来建立西汉打下良好的基础。无论是鸿门宴还是逐鹿之战，刘邦都表现出他过人的心境，这样务实，富有敏锐洞察力，超高智慧的双面君主形象怎能不让人心生向往。虽说刘邦的闪光最终沉于历史变迁的篇章之中，但他依然会在历史长河中发热发光，那一瞬光，已经定格，永不褪色。

对于我们，又何尝不是如此。大多数人都只是个平凡人，但先天的起点不能成为我们的绊脚石。于己而言，心中既有大志，就要找准目标，克服一切困难勇往直前，才可能最终到达山巅；于人而言，就要处理好人际关系，与人友善，为人大度，心胸豁达，学会换位思考，切实体会他人感受，这样才能征服人心，受人尊重，才能团结力量为需所用。

所以，无论是在生活中充当一个潇洒的灵魂，还是在人生路途上表现一种执着的稚拙，我们都应该拒绝平庸，把视线投向尚未到达的彼方，即使辉煌终将落幕，我们也要拼尽全力不断攀登。

相信科学力量　托起强国梦想

重庆市万州第二高级中学 高 2022 级 1 班◎陈奕好　指导教师◎刘西库

前不久，与家人沿着江边散步赏着沿途风景，只感长虹卧波，华灯璀璨。听着奶奶给我讲家乡过去的故事，感慨着从沟通靠吼到远程视频，从长龙队伍到送货上门，从拥挤客车到舒适高铁，从粗布衣服到精美服饰，我们的物质生活不断提高，意识追求也不断增强，我第一次真真切切地感受到了历史的发展。

纵观人类发展史，每一次的生产革命，都是历史的一大进步。而生产力的发展，离不开理论与技术的结合。

在原始社会中，刀耕火种为主要农业形态，也就是我们所说的原始农业。人们靠着石器捕猎生活，频繁迁徙，保证基本的生存。到了商周时期，有少量青铜农具，加上农业技术的进步，例如开沟排水，除草培土，土地利用率大大提高，人们开始从频繁迁徙走向定居。

生产工具仍在不断演变，春秋战国时期铁农具和牛耕的推广无疑推动了农业形态向更深层次发展，小农经济逐渐形成。铁犁牛耕大大提高了粮食产量，人民对土地产生了更强烈的依赖性，土地制度也随之变化。商鞅变法，以法律形式确立封建土地私有制，不但顺应了生产力的发展，同时也刺激了生产力的发展，越来越多的人对生产工具进行不断创新。从耦梨到曲辕梨，从翻车到风力水车，将技术与实际结合，辅之以一定的政治制度，精耕细作的小农经济得以延续。此时中国依靠着小农经济，得以维护着封建统治。

而 18 世纪 60 年代西欧第一次工业革命，可以说是将人类社会从农业文明带到工业革命，这是历史的一伟大飞跃。"珍妮机"的出现是工业革命的开始，它带动生产力的空前提高。在新航路开辟中获益无穷的英国做起了领头羊，蒸汽机成为主要动力，生产组织形式出现了新变化，社会经济结构和社会关系也随即变化。英国成为最发达的资本主义国家，成为世界的世贸中心，此时英国通过工业革命得到空前发展，其地位不可撼动。

19世纪中后期，科学与技术迎来第一次意义上的紧密结合，第二次工业革命开始，电力成为主要动力。抓住这一契机的美国就如同第一次工业革命中的英国一样，工业结构及其生产组织发生了新变化，一跃成为经济强国。法国、德国、日本等资本主义国家也不甘落后，通过生产技术的提高争相发展。而此时的中国，依然束缚于小农经济，与时代脱轨，发展逐渐落后于西欧国家，造成了极大的差距，遭人蹂躏。

到了20世纪90年代，形成了以知识经济为基础，以信息技术为主导的新的经济形态。美国依然走在时代的前沿，在此推动下，通过发展高科技产业，迎来了长达10年的经济发展，在资本主义国家之列一骑绝尘，而这，也给所有的国家带来了新的启示。

现如今，第四次工业革命开展得如火如荼。以史为鉴，中国必须要抓住这一机遇，培养顶尖科技人才，坚持科教兴国，人才强国战略，紧跟时代浪潮。只有利用科学才能发展生产力，只有发展生产力才能巩固经济，只有巩固经济才能托起强国梦，使中国处于不败之地！

以史为鉴　照亮未来

——国宝会说话

重庆市万州第二高级中学 高 2022 级 1 班◎唐昕钥　指导教师◎刘西库

2018 年，一部央视纪录片风靡全国。《如果国宝会说话》，你想听国宝说什么呢？来自历史的回音，来自千年的呐喊。国宝的话语，诉说着历史，照亮着未来。

人头壶，一件来自六千多年前的陶器，头微微仰起，嘴巴微微上翘，仿佛在笑。六千年前的人们，根源于对生与死的思考，开始了对自我的凝望。六千年后的我们，凝望最初的凝望，不断发出疑问，又都溶解于这神奇的红陶上。一颗心跨越时空，望见生命，望见传统，望见文化，拂去尘埃，我们终于明白：人类之宇宙之渺小，人类之非凡之创造，人类对故乡的极致追求，对与大地同岁的"不老容颜"的向往。六千年，仿佛刹那间，村落成了国，符号成了诗，呼唤成了歌。但亘古不变的，是人类对自身，对宇宙的深深凝望。

人头壶的制作离不开那小小的陶。陶，源自泥土，需要经历摔、捏、烧，才能成为形态各异的陶器。陶，是时间的艺术，一件精美的陶器，需静静地等待，匠人们等土凉，等火旺，等陶干。如今的我们都在感慨时间太快，而几千年前的匠人们，已在一次次等待中，学会了与时间互相成就，与时间融洽相处。如果陶器会说话，告诉我们的应该是那一场场淬炼，一次次等待。烈焰，造就精美；时间，造就永恒。

三星堆，古蜀文明的集大成，那里蕴藏着人性的光辉。它出土了大量青铜器。

三星堆，出土了大量青铜器。三星堆青铜人像，三星堆青铜神树，三星堆青铜面具……一件件，都异常精美，异常神秘。古蜀国人神秘的想象力，对人类本源的探索，与宇宙的对话，让我们穿越千年，怦然心动。原来，这就是人；原来，我们一直在这里，在这地球上。

　　国宝的话语，一句句扣动着人的心弦。那是古人来自千年前的咏叹与期盼，那是我们来自千年后的感慨与传承。如果国宝会说话，世界将会怎么样？或许那时我们就可以以史为鉴，照亮未来。

登西岩望南浦

重庆市万州第二高级中学 高 2022 级 24 班◎冉烁森　指导教师◎刘西库

南浦上束巴蜀，下扼夔巫。山环唯东江，独翠一螺者谓之西山。散绮收壑，明月招邀。春雨秋风萧琴瑟，夏蝉冬梅霜华芳。

扶摇直上三百米，出太白之清泉。磐桓曲上四百米，见太白之墨轩。山麂与林鹤争鸣，岩柏同危松共荫。北斗煌煌，东水汤汤。夕照西山之天光，学兴文德之华堂。天山齐寿，人水相生。登西山也，有竹修鹅龄问道，树老谪仙洗墨。登轩也，则西望刘帝天城，东窥黄公流觞。

朝暮四时，一岁万情。若夫东袭紫气金乌出江，醉揽星斗桂宫华霜，此山间之朝暮。雨亭闻和鸾，梧寻鸣蝉，风卷叶下窥印江出，石浅水瘦者，山间之四时也。

独坐幽篁登绝顶，可望悦君。祖龙季汉纷纷遣使到此停马，太宗明皇屡屡乘帐于此举步。千古帝王有收天下之能，扫六合之志，清宇内之心，一怒千里血骨，挥剑指断山河，如是丈夫。而俱求仙问道且乞朱丹，今秦汉唐明名之皇皇，不过玄朱与青素同枯骨，唯史书一二也。

西望刘帝天城倚空，四方绝壁三百，为天险兵家必争之地。昔季汉昭烈在此驻马屯兵伐东吴，南宋德佑上官夔在此守险死战拒元蒙。刘帝仁义为弟伐吴，夔公忠勇为国殉战。汗青繁繁而书册，百姓千载犹泣泪。

东窥鲁池曲水，千人流觞。四方楼台，凉亭六座，水石雅融，烟雨荷塘。黄公鲁直同郡守文人墨客之众，歌吟上下，饮醉流芳。书西山题记而撰天然之石。诗意风流，千古传唱。

近代以来，英帝铁舰入江到此，炮轰军民，血染江河。九五之惨案，四业纷纷临风陨涕。万民举抗英之大会，声讨之恶劣，呼制裁之！英帝自诩日不落之帝国，掠地宇内，殖民无计，铁舰千里，英旗蔽空，可谓一世之雄也，所行不义，日暮西山，而今安在哉？三峡工程移民之百万，人民舍私为公，告祖英烈辞故土，一土乡情，一堤国怀。此无不民为之，就之！

秦砖汉瓦随风粉逝，唐宫明殿抱残守缺。唯汗青册第录济世之英，救国之民。

望南浦沐日下，目江城生云间。德佑愤，九五恨，今日难消，怀斯者已逝，前夕之耻仍长存，今朝之志尤欲羽。吾辈当上承先贤之志，下接黎庶之心，诵书卷于百篇，行大道于万里。铭汗青之耻辱荣华，照中华之垂世流芳。

折　花

——赠历史中的花朵

重庆市万州第二高级中学 高 2022 级 24 班◎冉　潇　指导教师◎刘西库

　　大抵是常有人这般说道："女子无才便是德。"但这句在古代提倡女子不应当有才华，而应该相夫教子的言论，在它被道出之时，却不是这般意思。这句本意上是指：女子若是没有才能的话，那便是道德出众了。女性的身份，于古代而言，一向较低，但也偏偏，出了几个"异类"。

　　中国历史上的女皇帝，继位年龄（67）最大，即寿命最长（82）的皇帝之一，与汉朝的吕后并称为"吕武"的那位——武则天。这位奇女子的一生，由她 14 岁入宫开始说起。先为唐太宗赐号的才人，后唐高宗时期先封昭仪，后为皇后，参与朝政，一步步迈向权力的巅峰。称帝后虽兴起"酷吏政治"，甚至向自身血亲下手，但她"明察善断"，多权谋，能用人，于农业，提拔人才一面都有大作为，半褒半贬，如今看来，也不过叹一声女中豪杰。

　　与其同一时代的太平公主和极富美名的女官上官婉儿，也是这时代浪潮中的过客。前者，被后人笑说"知母者若女"，虽广树党羽，权倾朝野，财富如山，但最终却被赐死；后者，有巾帼宰相之名，与政坛、文坛有重要地位，最后却仍置身于权力中的棋子。纵观那个朝代，人们追求着权势，财力，且皇室动荡。而太平公主在上官婉儿死后非常哀伤，派人去吊祭，如此看来或许是兔死狐悲罢了。

　　而除开政坛外，文坛也有那么无可替代的几位。李清照，于宋词创作中，占了很大一部分。宋词中常有"闺怨词"这一词种，往往是男子模仿女子的语气和口吻，抒发"自己"身在闺中的思量与忧伤，但模仿终究是模仿，再怎么去贴近女性细腻的心思，但不生在深闺中，又如何懂得那一份心情？而李清照的诗，为我们揭开了这片隐秘的帷幕一角。"蹴罢秋千，起来慵整纤纤手。露浓花瘦，薄汗轻衣透。见客入来，袜划金钗留。和羞走，倚门回首，却把青梅嗅。"这样一首节奏轻松，风格明快的诗句——《点绛唇·蹴罢秋千》，正出自李清照之手。一个天真纯洁，感情丰富，却又矜持的少女形象，便跃然纸上。

放在那个以男子为尊的年代，文人雅客们谈起这几位来，恐怕也只能长叹一声，道不出别的话语了。

折下一朵花，去倾听这朵花背后的故事，历史也正若如此。她们在政坛文坛上分别有自己的成就，正如这花朵一样，摘下来后仍有余香。

常有人把历史中的事件比作成在历史中绽放的花朵，但若将这些历史中的女人比作花朵，武后便是国富天香的牡丹，易安居士则是雪天中的一朵寒梅。她们虽身处于不同的年代，但她们却以相同或不同的姿态，将自己的一缕芳香，永远的留在了历史长河之中。

中华儿女与神州大地

重庆市万州第二高级中学 高 2022 级 2 班◎程 橙 指导教师◎谭 雯

臣光曰："前世之兴衰，考当今之得失"。

明朝，是中国历史上封建王权空前加强的时代。明朝皇帝集立法、行政、军事、司法、监察等权力于一身，形成了高度集中的皇权统治。但是因为辅政系统中内阁制和宦官制共存且互相牵制，对明末政治和经济产生了深刻的影响。

明以前历朝历代，都是实行的宰相制度。皇帝作为国家的最高统治者，享有至高无上的地位，而丞相虽为国家的最高行政长官，权力很大，以至于威胁到君权。明代，朱元璋借丞相胡惟庸谋反一案废除了宰相制，虽说是权分六部，其实全部权力集中在皇帝身上，导致皇帝工作量过大，朱棣在大学士中建立了一个团体，专门负责帮他处理政务，平时和翰林们和署公办，这就是内阁的雏形，而后，内阁制发展由此开始。这样的情况决定了，内阁职权从一开始就并不明朗，到后来也始终没有法定职位，且皇帝会顾忌内阁会威权震主。明朝末期，灾荒瘟疫不断，内阁的许多政策受到资金限制，为了缓解收支不平衡，加大税收征收，国家财政枯竭。当然明代除了内阁还有一支力量左右明的政局和命运——宦官的存在。当皇帝不理朝政，会造成皇权旁落，宦官专权。但其实内阁和宦官的设置都是为了加强皇权统治。但到了明朝中后期给政权带来了不稳定性，给社会经济，边关防务带来极大的危害。

"前世之辙，后世之鉴"，明代这个曾经辉煌的时代，废除丞相制其实是中国封建社会发展的产物。宰相制度的不断变化，是专制主义中央集权体制和内部官僚体制矛盾发展的必然结果。在阶级社会中，为了维护统治阶级在经济上的利益，相应的产生了以国家政权为核心的具有强制手段的政治上层建筑。每一社会形态的上层建筑都是适应自己经济基础的需要建立的。明朝在巩固皇权统治的同时，也巩固和完善了本国的经济基础，进而促进了生产力的发展。生产力的发展引起生产关系的变化，随着经济基础的改变，上层建筑也发生相应的变革。我国现今的政治体制改革不同于阶级斗争方式，而是坚持在社会主义制度的前提下对政治体制进行改革，使之不断完善。在一定程度上是吸取了历史的经验和教训。

"以铜为鉴，可以正衣冠；以史为鉴，可以知兴替；以人为鉴，可以知得失。"悠久的历史沉淀下来的精神塑造了一个民族，成为国家不断前进的动力。

百年大计 教育为本

重庆市万州第二高级中学 高 2022 级 2 班◎何香怡 指导教师◎谭 雯

　　教育作为国家发展的基石，是推动社会发展的重要环节。中国源远流长、博大精深的历史文化，离不开教育的作用。

　　从历史上来看，教育推动着社会不断发展进步。夏商周时期，贵族教育盛行。春秋时期，孔子打破教育垄断，私学兴起，开创了平民接受教育的先河，为中国古代教育奠定了基础。随着历史的改朝换代，教育不断发展完善。隋朝时，隋文帝开始用分科考试的方法选拔官员，隋炀帝时正式设进士科，按考试成绩选拔人才，科举制度正式诞生。这一制度在今后几百年间不断为朝廷输送了源源不断的人才。不少文人雅士得以进入朝廷，实现自己的雄心壮志。到了明朝，封建王权不断集中加强，形成了八股取士的僵势。直到鸦片战争后，统治阶层为了维护统治，开展了向西方学习技术的洋务运动，创办了新式学堂，动摇和瓦解了旧式教育，开创了近代教育的先河。19 世纪末 20 世纪初的戊戌变法中，光绪皇帝一系列鼓励教育的举措促进了近代教育的继续发展，可惜在顽固派的极力阻挠下夭折。20 世纪初，清政府重新重视教育，制定了中国近代以来第一个国家教育体系，又下令废除了科举制，产生了一定的积极影响。随后辛亥革命推翻了清政府，建立了"中华民国"。以孙中山为首的南京临时政府通过了一系列适应资产阶级需要的改革，建立起一个完整的学制系统《壬子癸丑学制》。辛亥革命失败后，由陈独秀、李大钊、鲁迅等人发起了新文化运动。主张以白话文代替文言文，推动了文学革命和普及教育，期间出现了很多教育社团。对当时的教育改革、提倡新教育运动起了重要作用，也为马克思主义在中国的传播开辟了道路。

正如习总书记说："教育是对中华民族伟大复兴具有决定性意义的事业。"在这个比历史上任何时期都接近中华民族伟大复兴的目标的今天，我们要提高教育发展的水平以增强综合国力，建设繁荣富强的中国。

从林则徐看跨越历史时空的家国情怀

重庆市万州第二高级中学 高 2022 级 2 班◎胡梧盟　指导教师◎谭　雯

历史的核心因素是人物，在近代中国史上，林则徐是一名具有浓厚爱国情怀的民族英雄。跨越时空，我们仍不能忘记他主导的"虎门销烟"，堪称一代人臣典范。

在居安思危中，涵养家国情怀。鸦片战争是一段家国屈辱的历史，也是一段争取民族独立的斗争历史。在"国之不存，毛将焉附"的危难关头，林则徐一生以"爱国为民"为宗旨，以知识分子保卫家国的慷慨决心，在四十余年的宦海生涯中，兴利除弊，锐利改革。虎门销烟成就了他人生的辉煌，可这瞩目壮举却令他跌入人生低谷——被贬新疆。但他不计个人得失，仍心系国家民族，还千方百计为百姓做实事，将一腔热血倾注于新疆建设中，体现着了民族觉悟，延续了爱国情怀。作为新时代青年学生，无论顺境还是逆境都要持昂扬向上的进取精神，不负青春和年华。

在传承家风中，涵养家国情怀。林则徐一生从政四十年，"历官十四省"，与家人书信往来频繁。这些家书内容广博，涉及政事、军务、家教诸方面。字里行间，拳拳报国之心，深深民族子情，殷殷爱子之意，每每读来令人动容。其一生，为官有道，教子有方，在天地间留下一个个令人肃然起敬的动人佳话。以钱锺书、钱三强为代表的江苏无锡钱氏家族踏踏实实传承优良家风，人才辈出，成为扎根人民，奉献国家的时代楷模。

在精忠报国中，涵养家国情怀。爱国，是人世间最深层、最持久的情感，是一个人立德之源、立功之本。林则徐则在被贬充军的途中写下了"苟利国家生死以，岂因祸福避趋之"的壮志豪言，表明了对禁烟抗英的坚决态度、精忠报国的家国情怀和早已将个人生死安危置之度外的民族大义，这一场跨越时空的家国情怀。当前，正是我国面对各种新的发展机遇和风险挑战的关键时期，青年一代可谓使命光荣，责任重大，需要每一名青年人为之拼搏为之奋斗。作为新时代的中学生，努力学习科学文化知识，努力培养伟大的爱国主义情怀，努力铸就深厚的民族精神，就是对国家的大忠，就是最大的报国。

美好的日子需要打拼，幸福的生活离不开浓浓的家国情怀和正在努力奋斗、努力拼搏的你我。为了中华民族的伟大复兴，让我们跨越历史时空，在对林则徐等历史人物的缅怀中涵养厚植家国情怀，不负青春芳华，一起担当，一起追梦！

继民族之志　筑思想之基

重庆市万州第二高级中学 高 2022 级 22 班◎蒋林杉　指导教师◎张　峥

"时代在变化，社会在发展，但马克思主义基本原理依然是科学真理。"

——习近平

坚持马克思主义基本原理是我国社会主义建设的根本之路。中国特色社会主义进入新时代后，共产党坚持观大势、谋全局、干实事，成功驾驭了我国社会、经济发展大局，在实践中形成了以新发展理念为主要内容的习近平新时代中国特色社会主义建设思想。

但是回望历史，探索中国特色社会主义建设的道路并非一帆风顺。究其原因，与党和政府未能坚持马克思主义基本原理有着莫大的关系。

自 1958 年开始的"大跃进"运动和"人民公社化"运动是我国探索建设社会主义道路中遭受的严重挫折。"大跃进"运动失误的根源，在于它忽视了经济发展的客观规律，过分夸大了人的主观能动性；而"人民公社化"运动失误的根源，在于生产关系超越了生产力发展的阶段。"大跃进"运动和"人民公社化"运动导致我国在 1958—1960 年间国民经济比例严重失调，工农业生产遭到极大破坏，人民的生产积极性受到极大打击。从此次失误中，党和政府认识到社会主义建设必须从国情出发，正确分析国内的主要矛盾；在社会主义初级阶段，必须坚持以经济建设为中心，把发展生产力放在首位；在发展生产力的过程中必须尊重经济发展的客观规律，不能急于求成；生产关系的变革必须与生产力的发展水平相适应。从 1960 年底，党和政府及时进行经济建设的调整，重新坚持马克思唯物史观的科学认识，终于从

1962 年起，我国经济形势逐渐好转，到 1965 年，经济建设调整的任务基本完成。

中华民族的发展历经磨难，但在一次次磨难中，中华人民越挫越勇，不断在磨难中成长，从磨难中奋起。抚今追昔，中国特色社会主义是在改革开放四十多年的伟大实践中得来的，是在中华人民共和国成立七十多年的持续探索中得来的，是在我们党领导人民进行伟大社会革命九十多年的实践中得来的，是在近代以来中华民族由衰到盛一百八十年的历史进程中得来的，是在世界社会主义五百年波澜壮阔的发展历程中得来的，是在对中华文明五千多年的传承发展中得来的。

斧头劈开的天地之间，到处都是不愿做奴隶的人。时至今日，我的国家，依然是五岳向上，一切江河滚滚东流，民族意志永远向前。

中国传统文化"礼"的演变

重庆市万州第二高级中学 高 2022 级 22 班◎王知璠 指导教师◎张　峥

"礼"是指社会生活中由于道德观念和风俗习惯而形成的仪节。中国是一个拥有五千年文化的文明古国,在历史演变中"礼"文化也随之发展变化。

"礼"原是宗教祭祀仪式上的一种仪态,《说文解字》就说:"礼,履也,所以事福致福也。"可知"礼"原来并没有等级制度的伦理道德方面意义。在阶级社会出现后,人类开始有等级之分,宗教祭祀也随之出现了身份的限制和区分。于是"礼"便开始具有了社会身份区分的内容,逐渐转化为奴隶社会和封建社会的一种身份制度。在孔子以前已有夏礼、殷礼、周礼。

孔子曾言:"克己复礼,天下归仁焉。"春秋时期,战乱蜂起,礼崩乐坏,孔子从当时的社会状况出发,探索一个合理社会的思想。之后儒家学派力图重建礼乐秩序,以及汉朝时期的"三纲五常讲求社会秩序,也是以礼来规整"更是为"礼"学的发展奠定了基础。

在唐宋时期经济文化程度繁荣的情况下"礼"学也得到了极大的发展。然而元清时期由于少数民族统政,"礼"学的发展与少数民族思想文化发生碰撞并互相交融发展。以及明清时期新航路开辟带来的全球化,虽采取了一系列"海禁""闭关锁国"政策,但西方礼节仍有在中国传播。当时的封闭政策以及对儒学的批判继承让"礼"学文化变得有些腐朽。紧接着近代列强的侵略战争打开了中国紧闭的大门,中西方文化的交流碰撞使"礼"学更加多元化。

中国近现代的发展使得中国传统"礼"学文化受到很大的冲击与影响,许多传统礼仪未能流传至今。不过随着中国的日益崛起,经济文化水平的日益提高，人们不再满足于当下，思想便有了"复兴"。如今我们已可以在街上看到着汉服，行古礼的人们，感受了中国传统礼仪与现代文明的交融。

"礼"文化是中华民族上下五千年源远流长的历史所遗传下来的精华。作为一个"精神文化"遗产，我们应该好好的去传承并发扬，将传统礼仪文化与现代生活结合起来。

国家监察　从远古走来

——小议历史上监察制度对今时的启示

重庆市万州第二高级中学 高 2021 级 3 班◎韦瀚深　指导教师◎颜泽波

广袤的中华大地上，孕育了繁荣优秀的政治文明，其中的古代监察制度对现今的党和国家监督体系的完善有深远影响，提供了宝贵经验，具有借鉴意义。

健全党和国家监督体系，需要建立专门机构，从而强化监督。汉代专设御史府，魏晋时御史台成为全国性监察机构。唐代在中央仍设御史台，下设台院、殿院、察院，宋元御史台则成为最高监察机关。设立专门机构，减少其他机关的掣肘，有利于其独立行使监察权，更好地对行政机关进行监督。现今监察委员会的设立，实现对所有行使公权力的公职人员全面覆盖，独立行政监察权，深化了国家监察体制改革。

健全国家监督体系，需要强化巡视制度。汉武帝时设刺史监察诸侯王和百官，有效加强了中央集权。宋代则在地方派遣按察使、观察使。巡视，是中央的千里眼、顺风耳，有利于加强中央与地方的联系，有利于中央对地方的有效治理。当今，党和国家深化政治巡视，有利于帮助地方及时发现问题、解决问题，提高地方行政效能。

健全国家监督体系，需要发挥好同级监督的作用，应当加强地方各级监察机关、司法机关的建设。宋代在地方设通判进行监督，明代则设十三道巡按御史，各省提刑按察司以及督抚，形成地方三重监察网络。地方各机关空间和时间上相距较近，一有问题，立刻解决，一有不正之风，立刻遏止，具有较高的时效性，有利于政治生态风清气正，加强对权力运行的制约和监督。

公职人员是人民公仆，保持公仆本色，为民初心需要加强对公职人员的监督，让公职人员正衣冠、为人民。加强对公职人员的监察，既是对人民负责，更是共产党员、公职人员不忘初心、砥砺前行的要求。

从水利枢纽到精神源流——都江堰

重庆市万州第二高级中学 高 2021 级 4 班◎何　新　指导教师◎颜泽波

　　余秋雨在他那篇《都江堰》里这样说道："我认为，中国历史上最激动人心的工程不是长城，而是都江堰。"长城在许多人眼里宏大、辽阔，充满了历史的沉淀，然而在秦始皇下令修建长城的数十年前，四川平原上已屹立起一座了不起的丰碑，就是都江堰。

　　战国时的成都平原，非旱即涝。公元前 251 年，李冰任蜀郡守，他领悟到"既然四川最大的困扰是旱涝，那么四川的统治者必须成为水利学家。"可李冰根本没有学过水利，他深受道家"道法自然""天人合一"思想的影响，刻苦钻研，考察地势，总结出"深淘滩，低作堰""遇湾截角，逢正抽心"的理论。公元前 256 年他征发民众修建都江堰，都江堰由鱼嘴、飞沙堰、宝瓶口等组成，能够进行自动分流、排沙、控制进水流量，开创了中国古代水利事业的新纪元，是世界水利史上不可磨灭的光辉一笔。这一浩大的工程前后历时二十年，虽耗费大量人力、物力、财力，却让饱受灾害的贫瘠之地成为沃野千里的天府之国，一改"蚕丛及鱼凫，开国何茫然""人或成鱼鳖"的惨状，从此"旱则引水浸润，雨则杜塞水门，故水旱从人，不知饥饿，则无荒年，天下谓之天府"。成都成为秦国粮仓，维持了西南地区的稳定，为秦统一中原奠定了物质基础。

　　而都江堰不止功在当代，更是功在千秋。

　　经过了两千多年，都江堰仍为平原上的人们输送汩汩清流，滋养、庇护这一方子民，发挥着它的功用。而在同时期修筑的古埃及与古巴比伦灌溉系统、郑国渠、灵渠等都已在岁月流转中失去了生命力，或成为一具空壳，或已仅剩下断壁残垣供人瞻仰怀念。它的宏伟，它的功用，穿越千年而丝毫未减，即使在科技如此发达的今天，我们似乎也很难再创造出一个如此巧夺天工的工程。它的存在，已不再仅仅是一座水利枢纽这样简单，它代表着我国古代人民的智慧结晶。2000 年，都江堰正式列入"世界文化遗产"名录，成为中国又一张鲜活的名片。

同样跨越千年时光的，还有以李冰为代表的我国古代人民的精魂。李冰是不能算作一个水利工程家的，他并没有经过有关水利的系统学习，只是面对人民困苦，临危受命。他敢于改变现状，向自然发出挑战。而后，他几载刻苦钻研，顶着责任之光，不停探索，以自己的聪明才智，"以彼之力，攻彼之师"，完成这场与自然的较量。他求真务实，手握长锸，站在滔滔江边忠贞坚守、坚持不懈，他将自己的一生都奉献给这一汪江水，献给他心系的万千子民。常说"胡杨一千年不死，死了一千年不倒，倒了一千年不坏。"李冰的精魂就是这样，经历千年而愈发闪耀，在中华文明的长河之中熠熠生辉。胡杨始终坚守那片沙漠，而李冰则始终坚守在岷江江畔。

都江堰水流滋养千家万户，无私奉献、忠贞坚守的精神也滋养着代代生活在这片土地上的人。古为今用，指的不只是雄踞在祖国西南的那座标志性建筑，我们更应该传承中华民族自古以来这种不畏艰苦、敢于斗争的精神。一个人拥有了这样的精神，便可功到事成；一个民族拥有了这样的精神，便可复兴有望；一个国家拥有了这样的精神，便可无坚不摧。这，应该就是我们学习历史的意义所在。

罢黜百家 独尊儒术

——文化统一与多元的博弈

重庆市万州第二高级中学 高 2021 级◎刘媛媛 指导教师◎颜泽波

在中华文明的渺渺长河中，无数思想文化历经沉浮后黯然退场，唯有儒家思想历经波折仍占据着不可动摇的地位。而"罢黜百家，独尊儒术"则是其成为封建主流思想的重要推动力。

若就文化的统一性而言，"罢黜百家，独尊儒术"无疑是成功的。与焚书坑儒相比，它是一种更为高明的文化专制。焚书坑儒颇有些"以暴制暴"的意味，相形之下，汉武帝重用儒生，兴办太学，以儒家经典作为教科书，使儒学垄断教育，树立了思想界的绝对权威，拔高了儒学的地位，使其他学说无法与之争锋，以一种更为柔和的手段实行思想专制。

在当时来说，它加强了中央集权，有利于统一多民族国家巩固与发展。汉武帝用高官厚禄换取士人的"爱国忠君"，这笔交易还是比较划算的。儒生骨子里都有着"修身齐家治国平天下"的抱负，而这样的他们，很少会造反，历史上的起义也很少有儒生的影子。此举也增强了民族的向心力和凝聚力，对中国文化绵延不绝有重要作用。它将儒学推到了封建正统思想的地位，推动儒学逐渐成为封建社会主流思想，以至于后世都深受影响。新儒学提倡的"春秋大一统"以及儒学宣扬的气节、道义，成为中华民族始终守护统一的精神支撑。即使中国历经磨难，中华儿女也不忘在黑暗中坚守那一抹初心与情怀。

但从文化多元来看，汉武帝此举却是钳制了其他流派思想，致使学术界"万马齐喑",唯独儒学傲然屹立,不利于学术的发展。虽然新儒学"外儒内法,附会阴阳,济之以道",但这"多元"的内核实则是为了"统一"。而这种"统一"一旦走向极端,"统一"下的有限"多元"也就显得格外可怜,而真正的文化多元也就无从谈起,中华文化也因此少了更多发展的可能。它使后世学者精钻儒学,而忽略其他学说,在儒学上登峰造极却也使其逐渐腐化,走向衰落。

在当今,如何处理好文化统一与多元、把握好两者之间的度是一个重要命题,也是"罢黜百家,独尊儒术"带给我们的思考。避免走向极端,协调好文化的统一性与多样性,在中心统一的前提下发展更加多元的文化,在价值导向正确的前提下发展社会主义先进文化。让中国文化讲好中国故事,让中国文化焕发无穷生机与活力,方乃吾辈之责。

跟着玄奘往西行

重庆市万州第二高级中学 高 2021 级 4 班◎王林巧　指导教师◎颜泽波

若草则为兰，若木则为松。兰幽香风定，松寒不改容。读此诗，犹见玄奘其人。历史上的玄奘不是《西游记》里软弱迂腐的唐僧，是鲁迅眼中的"中华民族的脊梁"，是世界人民眼中的"中外文化交流的杰出使者""世界和平使者"。他以无我无人无众生寿者相，西行取佛经，足迹遍布印度，影响远至日本、韩国以至全世界。西行之路阻碍重重，他却以"奘终不东移一步以负先心"的决心翻越艰难险阻，终得凯旋。时至今日，玄奘的影响还在持续着，虽然他所翻译的经卷已大部分遗失，但他却给中华民族乃至世界留下了宝贵的精神财富和深刻启迪。

玄奘为探究佛教各派学说分歧，西行五万里赴天竺，学遍大小乘各种学说，十七年如一日，苦心孤诣，其钻研之刻苦，应为今人所鉴。毛泽东也曾说，世界上怕就怕"认真"二字。李克强总理曾问，泱泱大国为何造不出圆珠笔的圆珠？问题的症结不是别的，就是在今日中国之国民身上缺少一种叫作"工匠精神"的东西。中国的复兴之路必不可少科技的助推。唯有让一丝不苟、精益求精的工匠精神扎根中国社会的土壤，才可迎来科技创新的百花齐放。跟着玄奘走一遍丝绸之路，我们看到的不仅仅是经济交往的繁荣，更有文化交流的欣欣向荣。玄奘将佛经带回大唐，又将《道德经》译为梵文传回天竺，两地经济文化在交流中得到了新的发展。今日中国的"一带一路"倡议沿着玄奘的步伐，带着友好交流，实现共赢的心又重新出发。当世界拥有了开放与合作，距离不再遥远。推进"一带一路"建设既是中国扩大和深化对外开放的需要，也是加强和亚欧非及世界各国互利合作的需要。中国应当海纳百川，做"一带一路"倡议的先行者。当我们关上门，世界就把我们拒之门外，当我们打开门，世界才向我们敞开怀抱。今日的中国门应当打开，并且只会越来越开放。

　　玄奘法师在我国与当时中央亚细亚特别是印度次大陆各国间所起的国际文化使者和友谊使者的作用，也是非常突出的。戒日王听到他讲述"秦王破阵乐"的来源后，发出甚深的赞美，决定派遣使臣，和我国缔结正式的中印邦交。从古至今，和平一直是世界人民共同的夙愿。中国应负起大国之责，努力构建"人类命运共同体"，为世界和平做出贡献，坚决抵制霸权主义，让昨夜的暴风雨用金色的和平为今晨加冕。斯人已逝，其精神却永不磨灭。玄奘的光芒穿越千年照耀着今世。我们懂得他西行所取并不只是卷卷佛经，更有福泽万世的思想精神。若我们沿着他的足迹，或许能再见千年盛景重现。

以史为镜　牢记使命

重庆市万州第二高级中学 高 2021 级 21 班◎夏莉菁　指导教师◎赵　伟

列宁曾说："忘记历史就是背叛"。

历史是一面镜子，它照亮现实，也照亮未来，了解历史、尊重历史才能更好地把握当下，与时俱进走向美好的未来。毕竟："秦二世而亡""后人哀之而不鉴之，亦使后人而复哀后人也"。因此我们要以史为鉴，吸收历史教训，不做"夜郎自大"的"天朝上国"。

当我翻开历史这幅长长的画卷，我才真正的理解到，什么是屈辱什么是辉煌。1840 年，英国的坚船利炮和暗黑的鸦片撬开了中国的大门，接踵而来的是八国联军留下一片遗骸……你是否能够记起静安寺的警世钟？懦弱的清政府就是在这儿签订了丧权辱国的《南京条约》。你是否还记得那圆明园的烈火可是映红了半边北京的天空……历史上，中华民族历经了多少浩劫与沧桑，我们怎会忘却一百多年的国耻家恨。

1937 年 12 月 13 日，是最令我悲伤且在脑海中久久无法抹去的痛。南京沦陷后，日军在此进行了惨绝人寰的大屠杀这段历史！与你我的过去未来勾连，伤痛和不屈时时刻刻地提醒着我们："强大，来之不易；和平，来之不易。""落后就要挨打，我们只有不断的发展，不断地使自己强大，才能在世界之林稳住脚跟"。我们沉痛悼念三十万南京遇难同胞，不是为了延续仇恨，而是为了牢记历史，以史为鉴，敦促中华民族的进步，不让历史悲剧重演。更是为了反对战争，唤起善良的人们对和平向往的坚定。"南京警钟长鸣，以三十万殉难者之名祈祷和平。"

在南京大屠杀遇难同胞纪念馆中有这样的三句话，时刻警醒着中华儿女不忘历史。第一句："可以宽恕，但不可以忘却"。第二句："要记住历史，不要记住仇恨"。第三句："我不是复仇主义者，我无意于把日本军国主义欠下我们的血债写在日本人民的账上。但是我相信，忘记过去的苦难能招致未来的灾祸"。由此可见，回溯历史的苦难反思历史，是一次矢志复兴的精神检阅，回放昨日的屈辱和苦难，凝聚此时此刻的责任与使命。

这是每个中国人的历史，汇聚爱国情感的力量，构建民族记忆共同体，国殇民难才不会重演，复兴意志才更加强劲。在那"山河破碎风飘絮"之时，多少能人志士夜不能寐，向着各地渴求着救亡图存之路。资产阶级发出"从师夷长技以制夷、师夷长技以自强""驱除鞑虏，恢复中华，创立民国，平均地权"的呼声，工人阶级发动革命，青年学生走上街头高呼"外争主权，内惩国贼""废除二十一条""拒绝在合约上签字"……终于在1921年，中国共产党诞生了，从此漫漫长夜里有了一盏明灯，红色的巨轮开始扬帆。

"青山处处埋忠骨，何须马革裹尸还。"殉难烈士名单中，便有在1926年命殒枪口的北京师范大学在读学生刘和珍，花一样的年龄，却在追求正义和平的道路上凋零；叶成焕，年仅二十四以身殉国，是为了中华的复兴；狼牙山五壮士抗击日军和伪满洲国英勇捐躯……这样的有志青年就应该被人们缅怀、惦念，就应该是我们新一代青年的学习榜样。习近平总书记说过："青年最富有朝气，最富有梦想""中华民族伟大复兴终将在广大青年的接力奋斗中成为现实"。每一代青年都有自己的机遇和挑战，新时代的青年，要肩负起时代赋予的重任，牢记使命。我们要在学习历史、反思历史、借鉴历史的基础上砥砺前行，志存高远、脚踏实地，努力在实现中华民族伟大复兴的中国梦的生动实践中放飞青春梦想。少年强则国强，以史为鉴，牢记使命，勿忘来路。

历史的见证者正在凋零，但铁的事实不会磨灭，不屈的灵魂不会湮灭，闪闪的精神会有一代又一代的中国人万世传承，生生不息！

以史为镜　走和平发展道路

——探究构建人类命运共同体的心路历程

重庆市万州第二高级中学 高 2021 级 21 班◎熊苓竹　指导教师◎赵　伟

在历史的画卷中，中国留下一笔浓墨重彩。自古以来，历史情结深深扎根于中华民族的历史意识之中。李世民说："以铜为镜，可以正衣冠；以史为镜，可以知兴替；以人为镜，可以明得失。"泱泱大国，上下五千年文化不知有多少可以为镜。

中华民族自古便是一个勤于以古为鉴，以史明智的民族。古往今来，中华民族都在不断上下求索着对外交流发展的方式。方式的不断演变，文明的不断进步让人们意识到只有和平友好的交往才能最大程度的互利共赢。2018 年，习近平总书记在 G20 峰会上指出："以史为鉴，可以知兴替，二十国集团要从历史大势中把握规律，引领方向。人类发展进步大潮滚滚向前，世界经济时有波折起伏，但各国走向开放、走向融合的大趋势没有改变。"习近平总书记继续强调"我们要推动构建人类命运共同体，中国始终高举和平、发展、合作、共赢的旗帜。"

回顾过往千年，中华民族未停止过向外扩充"朋友圈"的步伐。西汉时期，汉武帝派张骞出使西域以开辟以首都长安为起点，经甘肃、新疆、再到中亚、西亚、并连接地中海各国的陆上通道，陆上丝绸之路就此起源。几千年来这条路上来往的商人络绎不绝，从未间断。2013 年，习近平总书记提出建设"新丝绸之路经济带"的战略构想，曾经热闹喧哗的贸易之路将再次沸腾；宋时厚往薄来的朝贡贸易，当时的当权者们并不认为这种财物大量外输的不平等交往方式不太体面，反而将它视作朝廷对外邦的恩赐，以宣扬国威，加强联系；明时，明太祖在与外邦交流的理念上与元代相比做出了创新，他认为应该积极主动发展与邻邦的友好往来交流，对周边国家采取"不侵占"的态度，试图构建一个以明为主导，有等级秩序的、和谐的理想世界秩序。郑和下西洋的故事依旧热度不减，中华民族与外邦友好往来交流的初心仍未改变，中国将一直高举和平交流，共同发展的旗帜。

中国人民始终铭记着大半个世纪以前那段屈辱的历史。为了一己私利出卖主权的卖国贼；为了打开市场用铁枪铜炮轰开满是灰尘，腐朽不堪的中国国门；为了称霸世界践踏中国国土，杀戮中国人民并引以为傲的帝国主义拥护者……中国人民深知其迫害至深，决心从血淋淋的过往中悟出些道理。中华人民共和国诞生后，毛泽东向世界宣布，中华人民共和国愿意与遵守平等、互利及互相尊重领土主权等项原则的任何外国政府建交。中华人民共和国奉行独立自主的和平外交政策，毛泽东形象地将它概括为"另起炉灶""打扫干净屋子再请客"和"一边倒"。1953 年 12 月，周恩来总理在接见印度代表团时，第一次提出了和平共处五项原则，即"互相尊重领土主权、互不侵犯、互不干涉内政、平等互惠、和平共处"。和平共处五项原则不仅是我国对外关系的基本准则，更是在国际上产生了深远的影响，成为解决国与国之间问题的基本准则。1955 年，周恩来总理再次提出了"求同存异"的方针。对于有着共同遭遇的其他亚非国家，新中国积极承担起保护和平等国家责任，为他们发出中国声音。

中国人民始终在以史为镜的同时，放眼未来。当今世界，和平与发展是时代主题，中国在这一时代潮流中，持续产生积极影响。为了和平与发展，中国坚决反对霸权主义和强权政治，致力于构建以和平共处五项原则为基础的有利于世界和平与发展的国际新秩序，推动世界多极化趋势。中国始终坚持和平发展道路，自中华人民共和国成立以来也在不断践行着。以此为鉴，习近平主席在 2012 年党的十八大首次提出构建人类命运共同体这一概念，希望各国在追求本国利益时兼顾他国合理关切。中国主张各国人民同心协力，构建人类命运共同体，建设持久和平，普遍安全、共同繁荣、开放包容，清洁美丽的世界。反观当今某些大国行为，显然没有理解到人类命运共同体这一概念。从未从曾经的侵略史中获得教训与启发，反而为了维护单边主义，肆意发动贸易战。要知道，枪响之后，没有赢家。

中国将始终以史为镜，既要适应当下，又要启发未来。中国将始终高举和平发展，合作共赢的旗帜，坚持和平发展道路不动摇，继续致力于人类命运共同体的建立。

风流隐东山　功成谢人间

——记东晋尚书左仆射谢安

重庆市万州第二高级中学 高 2021 级 21 班◎周业曦　指导教师◎赵　伟

　　出世与入世，是摆在中国古代士子面前的终极问题。士子们思超然物外、归隐山林，也思入朝为官、力挽天倾。这一矛盾困惑了万千士子，终其一生也难以解决。而东晋谢安是为数不多的调和了二者间矛盾的名士。

　　谢安，官至尚书左仆射，系东晋名门谢氏之后。年少曾得宰相王导赏识。按其发展，应步入朝堂，平步青云。可他淡泊名利，潇洒归隐东山。朝廷多次征辟却谢绝推辞。曾与友人出海游玩，风浪甚大，同游名士俱惊，唯其安然自若，后风浪更甚，航船难行，方归。由此，可见其胆识过人。

　　后家弟谢万失势，谢家朝中无人，方应朝廷征召出仕。朝中桓温权倾朝野，有反心，谢安奉旨设宴迎接桓温，而桓温却伏一队人马在墙壁之后。赴宴者皆惊慌失措，唯谢安镇定自若，淡然点明桓温伏兵。桓温为其胆识所震，不敢发难，风雨飘摇的东晋司马氏由此度过一劫。

　　公元 383 年，北方前秦政权领导苻坚率大军挥师南下，意图一统全国，东晋王朝面临生死存亡。东晋和前秦兵力极其悬殊，朝廷尽显投降论调。在大势将去之际，谢晋为天下人站了出来，他统筹全国势力，积极备战。作为一根主心骨，承载着整个东晋的重量。苻坚曾豪言：投鞭断水，足断魏晋风流。谢安就似东山，挡住前秦百万兵马，守得东晋江山安宁，保下中华千年文脉。八公山下，淝水江畔，两军对垒，杀气横生。北府军在谢安之侄谢玄带领下，以不足 10 万人的兵马，战胜了号称百万的前秦军队。一声"秦军败矣"，百万秦军兵败如山倒。此时的谢安在阵后与人对弈，信使传来捷报，谢安观后泰然若处，客人问战果如何。谢安不过淡然一句："小儿辈大破贼。"潇洒至极。客人走后又欢欣雀跃，以至于木屐的屐齿都被碰断，足见其真性情。

淝水之战后，谢安极为人臣，但他的心始终在东山的山水之间。在他生命的最后一年，洒脱辞官，归隐东山。如若仙人入世，谈笑间敌寇溃败。功成后悄然归去，谢别人间，不带走一片云彩。

东晋四大世家，谢氏最为式微。可谢氏始终是那"旧时王谢"，只因谢氏有那安石郎。谢安也不单挽救了东晋王朝，他也是中华文化的守护者。五胡乱华后，中原正统所代表的中华文化到了一个风雨飘摇的地步，淝水之战是它千百年来最大的一次危机。可它终究还是渡过了，这是因为中华文化独有的韧性，也因为那"江左风流宰相"——谢安。"沧海横流方显英雄本色。"时代成就了谢安，谢安也成就了时代。但他也不单单是历史上的丰碑，更是儒家文化精神上的楷模，是儒家理想人格的化身。退可处江湖，进可入朝堂。天下太平之时于山间归隐，不问世事喧嚣；待到世间有难之日于朝堂坐镇，且将大局逆转。这一目标，世代士大夫为其奋斗却难实现，谪仙李白也为之抱憾终身，只得为安石之大才所惊叹。儒家推崇在世事的喧嚣中坚守自己的道德底线，但更重要的是在世间大势到来之际，挺身而出，救万民于水火，倾其所有践行"仁"字。谢安之所以为后世所敬仰，就是因为他的潇洒归隐，他的毅然出山。其丰功伟绩为后人所记载，其高风亮节为后世所膜拜。

风流隐东山，功成谢人间。谢安作为照耀在士子精神世界中的楷模，熠熠生辉。"安石在东山，无心济天下。一起振恒流，功成复潇洒。"或许李白的诗篇才是对其一生最好的写照。新时代的我们，在保持自己的高尚品格的同时，也该接过时代的接力棒，在这百年未有之大变局中奋斗。只争朝夕，不负韶华，开创新一代的未来。

四度从军行

重庆市万州第二高级中学 高 2023 级 3 班◎刘蕴涵　指导教师◎刘　丹/张　峥

文官不爱钱，武官不惜死，不患天下不太平！

——岳飞

　　保家卫国的爱国主义精神，永远是中国人民团结奋进、战胜困难、勇往直前的力量源泉。岳飞——南宋著名抗金将领，在他的一生里，曾四次从军，以丈夫许国的人生信念，抒写了中华民族的慷慨之气。

　　岳飞第一次从军是在 1122 年。河北官员刘韐招募"敢战士"抵抗辽兵，岳飞前往应募。经过层层选拔，岳飞被任命为"敢战士"的一名分队长，开始了他的军戎生活。后来贼寇陶俊、贾进在相州作乱，危害百姓，岳飞带领数百骑兵，生擒二贼。同年，岳飞的父亲病逝，他离开军队，回到汤阴县为父亲守孝。

　　1124 年，河北发生水灾。为了谋生，岳飞再次从军。1125 年，金灭辽之后，便开始大举入侵宋朝。东路金军渡过黄河，包围了开封。宋钦宗被迫遣使求和，许割太原、河间、中山等地于金，并且满足了金人向北宋索要财物等要求。

　　1126 年，金人以北宋不履行割让三镇合约为借口，再次分两路攻打北宋。金军在攻破太原后，第二次围困了开封。宋钦宗命康王赵构为河北兵马大元帅，征召兵马。此时的岳飞在平定军突围后，回到家乡，一路上目睹了金军的恶行，心中愤慨不平，意欲重新投军，但又担忧年迈的母亲。岳母姚氏深明大义，积极鼓励岳飞"从戎报国"，并在岳飞的后背刺上"精忠报国"四字为训。于是岳飞牢记母亲的教诲，第三次从军抗金！同年冬天，康王赵构到了相州，建立河北兵马大元帅府，岳飞随同刘浩的部队一起归大元帅府统辖。1127 年，金军一路南下，势如破竹，将汴京洗劫一空，宋徽宗、宋钦宗等皇室成员和大臣三千多人沦为俘虏，北宋就此灭亡，史称"靖康之变"。同年 5 月，康王赵构在应天府即位，为宋高宗。高宗采取黄潜善等人避战南迁的策略，准备退到长安、扬州等地。此时 25 岁的岳飞不顾自己官位卑微，向赵构上书数千言，换来的却是被逐出军营的结果！

此身已许报国志，百转千回不移心。即使身处不堪，岳飞抗金的决心从未动摇过。同年 8 月，岳飞渡河北上，到抗金前线，经赵九龄的推荐，会见了正在招揽抗金人才的张所，这是岳飞的第四次从军。由于岳飞表现非凡，被破格提拔，升为统制，属于王彦部下。不论身处怎样的境地，他始终不忘"精忠报国"的初心！就说那郾城之战，完颜宗弼大举南侵，宋全面迎击。可高宗命岳飞出师后，又举棋不定，六月便命其班师。岳飞抗命不从，又再次举兵北伐，引领岳家军冲锋陷阵、一往无前，取得郾城大捷，班师回朝。岳飞虽有一支训练有素的岳家军，有着"冻死不拆屋、饿死不打掳"的美誉，有着被金军慨叹为"撼山易，撼岳家军难"的评价，却仍被秦桧以莫须有的罪名诬陷加害。呜呼，男儿为国死后已，可叹人事不由心！

沧海桑田，岳飞也已长眠于杭州西湖栖霞岭，但其"精忠报国，还我河山"的崇高爱国主义精神，"忠贞不渝，视死如归"的高尚情操，"廉洁耿直，仗义执言"的磊落襟怀，"运用之妙，存乎一心"的高超军事指挥艺术，"身先士卒，冲锋在前"的带兵准则，"待一万人如待一人"的平等待人的作风，"事亲以孝，教子以严"的家风，历经近千年，已然成为中华民族的一种信仰，一种文化，一种宝贵的精神财富。无怪乎伟大的民主革命先行者孙中山先生这样评价道："岳飞魂，是中华民族的精神代表，也就是民族魂。"

时代，是见证者，它见证了一个平凡人如何在国家危难时担当民族大义，成为顶天立地的英雄。时代，也是呼唤者，它呼唤在和平时代复兴民族伟业，一代代人要传承英雄的初心。

天地英雄气，千秋尚凛然。英雄之气不仅镌刻在史册里，更浸润流淌进中华儿女的血脉之中。习近平总书记在国家勋章和国家荣誉称号颁授仪式上讲道："崇尚英雄才会产生英雄，争做英雄才能英雄辈出。"愿我辈少年都能学习英雄精神，勇担时代重任，在历史的长河中奋进击桨，搏浪潮头！

国　殇

西南大学附属中学初 2022 级◎赵　然　指导教师◎龙　润

去年的冬日带着可爱的笑容轻轻走来，你也许会欢呼着去赶"双十二"的会场，沉醉在朋友的聚会中，品尝着冬至羊肉的鲜美。你也许想："真是一个快乐的冬天！"

但你知道八十二年前的冬天，三十万南京的同胞们，正在经历什么吗？

天空被染成鲜红，仿佛把一块蔚蓝色的布料，扔进了红色的染缸。人人都在疯狂寻找可以躲藏的地方，甚至连呼吸都不敢过重，害怕自己成为满地尸体中的一个。男人寻找着逃命的机会，女人尖叫着躲避日军淫笑着的面孔，孩子坐在地上，号啕大哭，寻找着父母的身影。三十万南京同胞无助的倒下，也许还会在绝望之余嗫嚅着："救救我……救救我……"

去年冬日如此幸福，那年冬日却如此恐怖。

1937 年 7 月 7 日，日军炮轰宛平城，发动全面侵华战争，卢沟桥事变震惊中外。随后，日军四处挑起战争，不久攻占上海，并将目光投向南京国民政府首都——南京。1937 年 9 月 19 日，日本第三舰队司令官长谷川清下令对南京市区实行"无差别级"轰炸。

进城的日本侵略者大约有 50000 人，他们任意杀戮，还进行了多次大规模的集体屠杀。机枪"突突"扫过，尸横遍野，人们甚至来不及哭喊，来不及尖叫，就倒在了一片灰色的硝烟里。幸存的人躲在黑暗的角落，闭上了恐惧的眼睛，清澈的泪水落在混浊的空气中，溅起一片灰尘。他们紧紧闭着嘴巴，不让哽咽声发出。

这是世界上最安静的默哀。

南京同胞在经历这场血泪交织的劫难的同时，日本侵略者花费一个月的时间抢去了中国的图书文献 88 万册，中华文脉面临浩劫。

这是世界上最残酷的掠夺。

最后这高高的尸骸，日本侵略者的足迹，全部都付之一炬。汽油刺鼻的味道混合着血液腥臭的味道，一起被冲天的火焰抹净。

这是世界上最悲痛的惨案。

前事不忘后事之师。历史是一本好的错题本，只有你认真阅读了它并从中吸取了教训，惨剧才不会重演。中华儿女们，不论你是谁，你在哪里，你在干什么，都必须记住这段令人刻骨铭心的历史，因为这是最悲痛的回忆，是中华民族的国殇！

前事不忘　后事之师

西南大学附属中学初 2022 级◎张恩培　指导教师◎龙　润

　　唐太宗李世民曾说："以史为鉴，可以知兴替。"但我今天要讲的却是历史上另外一位君王楚灵王的故事。

　　楚灵王是春秋晚期楚国的君主，他得王位是在春秋五霸之一的楚庄王之后，即位之初的楚国盛极一时，但是到楚灵王临死之际，楚国却国事衰颓，他也失去王位自缢而亡。这是为什么呢？且听我细细道来。

　　古语有云，"楚王好细腰，宫中多饿死。"因为楚灵王偏爱细腰之士，所以朝中一班大臣，把一日三餐减为只吃一餐，甚至每次起床整装，先要屏住呼吸，然后把腰带束紧，扶着墙壁站起来。等到一年后，满朝文武官员脸色都是黑黄黑黄的了，这也成为灵王为后世所讥讽的荒诞行径之一。

　　上有所好，下必甚焉。楚灵王以个人的好恶去规范臣下的行为，并以此决定亲疏，这必然会引起下属臣僚的刻意逢迎和拼命邀宠。如此上下互动，渐成风气，势必会酿出大祸。加上他性好奢侈，在位时为彰显炫耀楚国实力，劳民伤财，耗费巨大的人力、物力资源修筑章华台，只为与诸侯举行一次盛大的祭庆典礼。最终尽失民心，自取灭亡。

　　应该说，楚庄王留下的这一份基业，正是因为楚灵王的奢侈与不珍惜，才骤然间灰飞烟灭。

　　"秦人无暇自哀，而后人哀之，后人哀之而不鉴之，亦使后人而复哀后人也。"楚灵王已逝，但他的故事却流传下来，启迪后人。

　　我认为，一个人无论什么时候，都应该发愤图强，积极向上，而不应该安于现状，贪图享乐。就这次期末考试而言，我获得到了六个 A，便沾沾自喜，不思学习。在读了灵王的故事，我突然明白，我还有很大进步的空间，距离优秀还差的很远。所以我要更努力地学习，努力攻克不足的地方，努力学习科学文化知识，成为更优秀的人。

愿历史长河中的璀璨光芒，撒进 21 世纪的现实，照亮我们的未来。让我们躬耕、躬行于当下。无论身处什么时代，纵使在今天我们的国家已经繁荣昌盛，也不能忘记从长辈那里感知到的艰苦岁月、艰难时光。

只有把握住当下，努力奋斗，才能做一个能推动社会、国家发展进步的人。

唯天下之至拙　能胜天下之至巧

西南大学附属中学初 2022 级◎刘文棣　指导教师◎龙　润

近人评价曾国藩，"立功立德立言三不朽，为师为将为相一完人"。

但你知道吗？小时候的曾国藩曾被人讥笑为愚蠢之辈。

在他十三岁的一个晚上，曾国藩迈进书房，背一篇三百字的短文。这时家里进了一贼，听见有人进来，便躲于房梁之上，想等他背完睡觉后偷点东西走。没料到曾国藩背到三更半夜都没背完，那贼受不了了，飞身下梁，将此文一字不落地背了下来，冲着曾国藩叫道："你这么笨，还读什么书！"

就连他自己也承认"余性鲁钝"。相较于同时期的李鸿章、左宗棠、梁启超，更是差之千里。曾国藩从 16 岁开始科举生涯，考了七次才中秀才。虽名列不高，但他一旦开窍，立马一鸣惊人：中秀才的第二年，就中了举人，四年后，又中了进士。而他的那些早早中秀才的同学们，后来几乎连一个举人都没有出。曾国藩打通科举，全靠的是一股"笨劲"。

因为笨拙，所以从不投机取巧，遇事硬钻，"一句不通，不看下句；今日不通，明日再读；今年不精，明年再读"。而那些只会耍小聪明的人，虽然步子走得快，但不稳，遇到困难不愿下困勉之功，不愿先飞。所以曾国藩说"拙看似慢，实则最快"。他在京城做翰林时，做事仍然不走捷径，稳扎稳打。进翰林的都是大才子，看不起这些烦琐的工作，办事常常做做样子，摆摆姿势。唯曾国藩，办事踏踏实实，认认真真。此后短短几年，曾国藩数次获得升迁，从一个七品小翰林做到二品大员礼部侍郎。

正如曾国藩所说："决定成败的，不在高处，在洼处；不在隆处，在平处。"

打仗也是如此，他不求奇谋，结硬寨，打呆仗。湘军每攻打一个城市，不着急与太平军交战，而是先挖壕修墙。道道壕沟，如同巨蟒缠身，使最悍勇的太平军也不知所措。曾国藩攻城，不在一天两天，而是一年两年。一座城池攻下，城外地貌基本上被湘军改变。他用这个最鲁钝的方法，打败了最悍勇的太平军。

或许曾国藩资质本鲁钝，但他通过自己的行动证明：一个愚人，可以通过下硬功夫笨功夫，成为智者。毛泽东也曾说："愚于近人，独服曾文正。"曾国藩靠着他的独特的"拙"的哲学，从愚钝之辈，蜕变成三立完人。

笨到极端便是大智慧。真正的智者，不会耍小聪明，而是懂得下笨功夫。

"唯天下之至拙，能胜天下之至巧。"历史的长河波涛汹涌，曾国藩就仿佛是黑暗中的一缕幽光，隐约照见前进的路。此后如竟没有炬火，你便是我唯一的光。

不灭星光

——历史的选择

重庆市涪陵第五中学校◎王榆菡　指导教师◎王一安 / 冉桂芬

　　岁月长流冲淡了历史一点一滴汇聚起来的星河，但仍有少部分璀璨而耀眼的痕迹顽强地流溯到了今天，那些文明古国的辉煌，就这么星星点点地闪耀了几千多年。

　　历史文化来源于生活习惯，生活习惯来源于地理位置和气候类型。古代亚非文明起源于大江大河，古代欧洲文明诞生在辽阔汪洋中，一开始的差别带动了后来所有的一切。古希腊地理位置在爱琴海一带，环海、多山、多岛屿，平原面积小，耕地有限，资源匮乏，海岸线曲折，港口岛屿众多，所有条件一结合起来，构成——物质交换。物质交换的基础就是要平等，虽然这点在他们当时的人权上十分欠缺，但也为欧洲国家现今不断强调的平等民主理念打下了基础。且因为地理面积有限，欧洲诸国多是分散小国，人口极少，经济发达。但凝聚力终是不够强，古希腊及古罗马都难逃灭亡的命运。

　　反观中国，我们在黄河边点亮文明的曙光，后又逐渐向南迁徙，耕地广袤辽阔，物质丰富，过上"自给自足"的小日子，每天美滋滋的。我们没想着去改变，因为当下的生活条件已足够满足人们的生活需要。哥伦布拿着指南针出去找新大陆，我们拿着指南针在家里神神道道地看风水；欧洲人拿着火药打得炮火连天，我们拿着火药只知道烟花好漂亮。但是就是这么些单纯的中国古人，却让中国挺到了今天，纵观世界历史，那些支离破碎的文明古国中，中国是唯一保持了文明连续性、形成了统一的稳定趋势的冠军选手。为什么呢？为什么别的古国都多次遭遇外族入侵，最终灭亡，甚至哈拉帕和摩亨佐达罗两座城市连衰亡的原因都是个谜，为什么中国能存活下来？

　　中国地理上的封闭性和区域性是其一，皇权高度集中的政权制度，相对来说足够稳定。这种政治制度也是中国文明得以延传的重要原因，当然这也跟地理因素有脱不开的关系。中国属于大河文明，以农业生产为主，加上古代中国兴的都是"自给自足"的小农经济，过多劳动力被土地束缚，无法集中发展商业和手工业，更需要一个强力的政府维护国家统一社会安定，统治者吸取先前诸侯割据的教训，中央集权制诞生。这种制度不断加强，军权也更集中，给社会带来安稳局面，促进生产力进步的同时，"八股文""文字狱"等政策使人们的思想受到过多控制，社会文化的发展受到抑制。再一方面，中国传统文化具有强大的凝聚力，多次的入侵文化被传统文化同化，加上庞大的人口数量，外敌似乎不足为惧。我们就凭借这般顽强的意志，繁荣昌盛5000多年。

　　众多文明中，历史选择了中华大地，我坚信在永恒的未来，这颗星会闪到尽头。

人类的追求

——有感于古代亚非文明

重庆市涪陵第五中学校◎唐子煜　指导教师◎王一安 / 冉桂芬

在广袤美丽的、世界最大的两洲——亚洲和非洲上，数千年前，横空诞生了四大文明古国。这是人类史上最伟大的一块里程碑，标志着人类社会从原始社会到奴隶社会的质的飞越。祖先留给我们的，不仅是璀璨的物质文化，更有丰富的精神内涵。

发源于大河流域的四个文明古国，虽各不相同，但却都展现了作为人类的最真实的追求。

古巴比伦王国的第六代国王汉谟拉比在位时，王国国力达到顶峰。其实行的君主专制制度以及中央集权，反映了人对权力的追求，政治书上曾说，法律最初是统治者维护统治的工具，像这部《汉穆拉比法典》，严格保护奴隶主的利益，把人分成三六九等，其性质也就可见一斑了。

"尼罗河的赠礼"——来自尼罗河畔的古埃及文明，其文化艺术也卓有成就。其中最耀眼的明珠，莫过于金字塔了。在反映古埃及国王无限权力的同时，其在建筑学上的成就也是难能可贵的。现代人绞尽脑汁想要探寻金字塔的秘密，却往往徒劳无功。难以想象，在那个没有机器的年代，他们是怎样铸成这伟大工程的，千年以来，其光辉依旧耀眼夺目。此外，还有太阳历，这种记录时间的方式，也不得不令人惊叹古埃及人的智慧。

古代印度河流域文明中，最突出的政治制度莫过于种姓制度，其在当代的影响力也非同小可。作为世界三大宗教之一的佛教也是在这个时候起源。

　　奴隶社会的进步性只是相对于原始社会而言。那时，大多数人都生活在水深火热之中。有追求权力、自封"神之子"者，神话王权，意欲一手遮天。但人生来是平等的，不存在高低贵贱之分，每个人最初都是由森林古猿进化而来，死后化作一抔黄土。因此，现代社会中，肤色歧视、国籍歧视、种族歧视等，都不愧是最可笑的东西。从古至今，始终有数不尽的人在追求平等。

　　纵观全世界，四大文明古国中，有三个都在历史的长河中消失，只有我们的国家经历了几千年的风雨，却仍是屹立不倒。我们的文化于数千年中绵延不断，生生不息，在相对安稳的环境中，我们安居乐业。人类的进步不是一时，也不是一世可以做到的。在跌跌撞撞中，我们才走上了相对正确的道路。

　　人人平等，社会安定是人类的最高追求，从古至今都是，愿我们都能如此吧。

初品历史

——读一、二单元有感

重庆市涪陵第五中学校◎周青鑫　指导教师◎王一安/冉桂芬

今日初品历史，心中不免产生了一些小想法。在这历史的长河中，有许多人被记入史册。可更多的人是赤裸裸地来，急匆匆地走啊，世界遗忘了他们。可或许他们曾修建的一座城，曾铸造的一件器皿却得以长存，带着他们的印记、带着历史的印记影响着后人。

俗话说"前人栽树，后人乘凉。"千年的历史就像是一棵参天大树，我们一边呵护着它，一边从中吸取着各种经验与教训。小到生火驱寒的经验，大到治理国家的经验；小到不吃熟食的教训，大到引发战争的教训。太多太多了，历史是参不透，说不完的。然而如果我们能以史为鉴，也许我们就能更好地解决问题，少走弯路了。

在历史的长河中，数不清的事物诞生了，又有数不清的事物消亡了。就像很多国家的文化底蕴都是在历史长河中大浪淘沙、优胜劣汰，从而一点点儿积累下来的。以古代亚非及欧洲文明为例，每个文明古国都创造出了辉煌灿烂的文明成果，为后人留下了宝贵的精神财富。从建筑上看，古埃及的金字塔和中国的长城堪称世界奇迹，古罗马的大竞技场和凯旋门华丽宏伟，古希腊的雅典帕特农神庙则是同时代的典型代表。古人们充分利用了天时地利以及数学知识建造出一座座令人震惊的雄奇建筑。这不同时代和地域的建筑物都对后世的建筑风格产生了深远的影响。再看文化，前有古埃及的象形文字，后有印度创立的佛教。要知道古埃及的象形文字可是世界上最早的文字之一。而每一种文明的发展都必然离不开创造文字。文字是一根纽带，有了它，人们的思想才得以广泛传播，再后来哲学、文学等才渐渐发展起来。在法律方面，古人更是颇有建树。从古巴比伦王国《汉穆拉比法典》到罗马的《十二铜表法》，从种种有关租赁、交换的规定到所有权、宗教法等内容，应有尽有，日渐完善。我们也是摸索着过往的经验才换来了法制健全，法律至上的今天。

历史既属于伟大的人，又属于每一个无名之辈。它是一杯陈年美酒，需得慢慢地喝，细细地品。它已经渗透到了我们的生活当中，无处不在，微小而闪耀。

我对封建时代欧洲历史的思考

重庆市涪陵第五中学校初 2021 级◎李佳键　指导教师◎王一安 / 冉桂芬

　　文明便是一个民族（或种族）所有结构的聚合，在地球上无疑是人类占据了发展的先机，开始了在文明漫长而曲折的这条路上磕磕绊绊的试探。中世纪是黑暗的文化时代，也是思想长度延展迅速的时代。这个时期，封建君主制发展至巅峰，社会的基本结构业已形成，人们的思维习惯逐渐固定，一些如今看来十分寻常的东西，在这时开始萌芽，封建政权逐渐完善，其国家治理结构和社会发展体系，格外引人注目。

　　说到欧洲文明的演进，罗马是一个绕不开的国度。我认为甚至可以将欧洲的历史划分为前罗马时代和后罗马时代。虽然关于罗马正统的问题一直在争论，但毫无疑问，罗马在欧洲存活了一千多年之久。由此，罗马可以作为一个很好的开端来探索欧洲社会的变革，因为它见证了欧洲社会变化的前前后后。

　　罗马分裂以前，欧洲社会处于迈向新的文明的"瓶颈期"；罗马分裂后，长期以来的"罗马式社会"被闯入的日耳曼人打破。地中海不再是罗马"内湖"，罗马人也必须开始思考这些真正来自罗马文明以外的日耳曼人。西罗马很快被社会变革的浪花击碎，只有东罗马仍苟延残喘着，维持着"罗马荣光"的泡影。拜占庭在罗马的废墟中存续了整整千年，很长一段时期里，罗马式社会在其治域内几乎原封不动。也许人们会说，这是人类历史上第一个真正的千年帝国，这足以证明拜占庭（或者说就是"罗马式社会"）的稳定形态。但就本质而言,恰恰相反,"罗马式社会"始终没能迈出那最后一步，长达千年的时间中它竟毫无成长。这注定了这样的形态是文明进步途中一个失败的典型，只是东罗马人继承了祖辈那里得来的骄傲，不愿承认罢了。

东罗马的社会结构何以长达千年几乎不变，我不会更多地去探索它。我更关注的是走上了另外一条前进之路的西欧。相比于东罗马的"长期稳定""固若金汤"，铺陈于西罗马的西欧社会却充满了动荡，一次次的变革在这里发生。

我更关注的是西欧社会的基本结构。西欧自君主实施采邑制，将土地分给贵族、骑士、教会作为领地，规定领地不能世袭，死后归还国家，受封采邑者要承担为国王服兵役等义务。受封的贵族、骑士、教会又一级一级地向下分封，直至最下级领主建立起一个个庄园，从而建立了以土地关系为纽带的领主和附庸之间的臣属关系，以及以中小封建主为基础的骑兵制度。以后大封建主纷纷效仿国王，加强了农民对封建主的依附，促进了自由农民农奴化，加速了封建等级制度形成。

从整体上看，东罗马是一个整体，皇帝掌管国家的一切，军队是皇帝自己披在腰间的剑。西欧则是由星罗棋布的庄园———一个个分散的"小社会"组成的一个聚合体，庄园间彼此独立。这样的情形，在我看来，国王手中的权力是被削弱了，国王只能在形式上享受"一呼百应"的快感。表面上看，西欧好像回到了部落时代，文明好像在倒退。但正是这样西欧才，才推动了文明进化，因为文明只有在压力下才能继续发展，才不至于像东罗马一样一潭死水。

西欧的社会散落成一个个小的社会，小社会间既好像相互隔绝，又好像在相互模仿。一个生活在中世纪的人，会难以理解现在人们所说的国家归属感。就像当时的罗马人无法理解他们如此散乱的社会，称他们为野蛮人一样。随着生产力的发展和社会的进步，生活距离的"遥远"与生活空间的局限，让人们有了交流的愿望，伴随着教会的强势及"中世纪社会思想"的进一步固定与封闭，人们的这种愿望更加强烈，于是，积满灰尘的思想渐渐展露在阳光下，一点点焕发光彩，许多超前的新观念被提出，人们的思想与越来越丰富而独立。自治城市和大学的兴起，使中世纪的桎梏逐渐被击破，社会变革的浪潮开始狠狠冲刷顽固落后的思想。从这时起，西欧开始领先于世界，西欧人开始成为世界的"领跑者"。

我不是专业的学者，但欧洲中世纪带来的新发展实在引人深思。所以，我将我的思考记录下来，希望从这人类文明的片段中窥见历史不可忘记的一角，找到一点儿现代生活源头的痕迹。

有感于欧洲中世纪的政治与经济

重庆市涪陵第五中学校初 2021 级◎谭雯月　指导教师◎王一安 / 冉桂芬

中世纪通常是指从公元 746 年西罗马帝国灭亡到公元 1640 年英国资产阶级革命的这一段时间。提起中世纪，人们总会联想到贪婪的教皇无耻地挥霍着教会的钱财，愚昧的人民仍然相信神救他们于苦难之中，正如英国谚语所说：Every coin has two sides.（事物都有两面性。）以今天的眼光评判，中世纪的社会制度、社会面貌、大众认知，固然不完全符合自由平等科学的原则，但仍有可取之处。

凝固的欧罗巴

西罗马帝国灭亡后，欧洲进入了文明倒退期。四大日耳曼王国中，汪达尔王国于 533 年被拜占庭帝国消灭，东哥特王国于 533 年遭遇了与汪达尔相同的命运，西哥特王国于 711 年也被穆斯林消灭，法兰克王国成为仅存者。

日耳曼民族是游牧民族，与华夏大地上的蒙古族相似，其最初的立国纽带为血缘关系，崇尚武力。按照其部落习俗，国王去世后，国王的孩子可平分土地，这样的规则埋下了动乱的因子。克洛维死后，王国大乱，工商业几乎消失，文明大大倒退。后来，查理曼帝国仍然沿用日耳曼民族原始的制度，最后未能避免四分五裂的命运。查理曼死后，其三个孙子各据一方，形成了今日德意志、法兰西和意大利三个国家的雏形。

解冻的欧罗巴

历史的车轮总是向前的，欧洲进入了农业文明期。从 9 世纪开始，一种新的农业经济组织形式——庄园甚是流行。至 11 世纪，庄园遍布整个欧洲。每一个庄园都是一个独立的经济和政治单位，在小小的庄园里，庄园主如同君王，这类似于大化改新百年后的日本大庄园。庄园内部也有上下级之分，庄园领主效忠上级，以附庸的形式构建起层级分明的封建国家，于是就有了我的附庸的附庸不是我的附庸的历史景观，形成了国家的社会经济政治权力都集中在大庄园领主的手中、国王拥有的只是象征性权力的局面。庄园设有庄园法庭，起着维护庄园公共秩序的作用。庄园法庭在一定程度上维护了佃户的利益，限制了领主的特权，这是值得肯定与学习的。

复苏的欧罗巴

从 10 世纪起，西欧商业开始复苏，以手工业和商业为中心的城市发展迅速。不知不觉中，一幅欣欣向荣的画卷悄无声息地呈现在了西欧大地。随着城市的复苏，庄园开始衰落，市民阶级逐渐壮大。西欧统治阶级十分鼓励商业发展，尤其占据天时地利人和的地区，商业于是大显身手，如意大利，三面朝地中海，商业高度繁荣。另一方面，与经济发展不相称的是，这时的欧洲，各个独立邦国割据一方，政治上从未得到过统一，从而制约着经济的发展。

中世纪既有野蛮血腥的纷争，也有文明自由的火种。以辩证的思维看待问题，才能让思维有深度、有广度、有温度。

江间之物华天宝

——谈白鹤梁水下博物馆

重庆市涪陵第五中学校 高 2022 级 2 班◎甘文苑　指导教师◎周玉杰

　　长江奔腾，乌江激荡，追溯历史的长河，集睛于涪州之畔两江交汇处。浑然落成的一道天然石梁，随着历史的波涌风云，逐渐积累的物华天宝、人文史记，最终筑成了如今雄浑壮阔的"世界第一古代水文站"——白鹤梁。

　　回望 1200 年前，唐人于涪州江间的石梁上刻下了那尾石鱼，姿身行荡，浑然天成。隶书麾下"石鱼"二字，也为 1200 后的白鹤梁添下浓墨重彩的一笔。于是，涪州城畔两江交汇之处，江间石梁渐渐成为历史的一颗辰星。唐人刻下了石鱼，亦刻下了文明千年的流芳古迹。

　　想必回到前朝，我亦如黄庭坚般，慨叹于古人的智慧，写下一句"元符庚辰涪翁来"。但谁又知道这一镌书法，寥寥数笔竟又成为后来人之心驰神往。抑或是如今的我偶遇一方奇石，也必会兴尽诗气，凌云挥笔罢。于是后人追随前人的脚步，一步步想要穿越回去，领略当时的沉淀精华。也正是这样，江间石梁由一尾小小石鱼，逐渐变成了水文重地，题刻碑林、鹤鸣观音，变成了江间那道物华天宝。但倘若我将此篇文章刻在了石梁上，是否千百年后，被歌颂的其中，也有我的笔墨？也许千百年前的黄庭坚也是如此，怀揣着一颗试探之心潇洒的落下了这几笔。只是那时的黄庭坚没有想过，千百年后的今天，就是那句"到此一游"般的题刻，也会成为歌颂的对象。

　　透过圆形的玻璃窗，七个大字灿然泛着历史的光辉。伴着潺潺的绿光，我仿佛看到了黄庭坚穿着青罗素衫，漫步在白鹤梁间，看着紫烟萦绕的暮山，看秋水共长天。偶一低头，忽遇一尾石鱼，索然性致，千辞万藻皆化作一行——元符庚辰涪翁来。

　　物华天宝，我即为涪翁。

"元符庚辰涪翁来"之思

重庆市涪陵第五中学校 高 2022 级 23 班◎谢伊涵　指导教师◎周玉杰

重庆涪陵白鹤梁题刻以其科学的水文价值、高超的艺术价值和久远的历史价值闻名中外，有"水下碑林"之称。在白鹤梁题刻中，"元符庚辰涪翁来"这一题刻更是被许多人津津乐道，引以为豪。但是，在这幅作品中，有几个比较奇怪的地方值得深思。例如，这幅作品中的"来"和黄庭坚在其他作品中的"来"字有很大的不同。同一个人写的同一个字，为何会有这么大的区别？如何证明"元符庚辰涪翁来"是黄庭坚的艺术"创作"，这是一个值得思考的问题。

首先，对于这个"来"字，不同的人有不同的说法。博物馆工作人员说，这个特别的"来"字是黄庭坚玩的文字游戏。她认为，"来"字的上半部分是一个"去"字，下半部分是一个"不"，也就是"黄庭坚来到了涪陵之后，非常喜欢这个地方，不想离去"的意思。但是，这幅作品的疑点不仅仅是"来"字，其他字也是如此！在黄庭坚的另一幅作品《行书赠张大同书》中，也出现了"元涪三年"的字样。同样是"元符"二字，两者不同，总不能说也是黄庭坚玩儿的文字游戏吧！

其次，"元符庚辰涪翁来"这幅作品并没有直接的落款。白鹤梁上的题刻，多有落款，又如《吴缜题记》的落款是"南城黄寿书"《吴缜题记》的落款是"吴缜廷珍题"，但是这幅作品却没有落款，更像是一个古代版的"到此一游"。

另外，便是"涪翁"二字。"涪翁"是这个题刻中的明显标识之一，但是，如何能证明这个"涪翁"就是黄庭坚呢？我们都知道黄庭坚晚年自号"涪翁"，但是同样的道理，涪州一个八十岁的老翁同样可以自号"涪翁"！

由于时隔太久，这一题刻是否为黄庭坚所题已经很难考证了，但不论历史的真相如何，都不能否认黄庭坚为我们留下的这笔精神财富。除此之外，这一事例也反映出了一些值得注意的问题：在我们学习历史、研究历史的过程中需要借助大量史料，但并不是所有的史料都是真实且可以直接使用的。例如在《吴缜题记》中有"元丰九年"的记载，但事实上北宋"元丰"的年号只使用了八年。根据有人的考证，这很有可能是由于涪陵偏远，皇帝驾崩后，改年号的消息没有及时传达到位。

由此可见，我们在历史学习的过程中，不能盲目的相信史料。一定要先经过自己的考察，才能下结论。同时，我们也要敢于质疑、敢于提出自己的看法。

见　证

——记世界第一古代水文站

重庆市涪陵第五中学校 高 2022 级 2 班◎陈思樾　指导教师◎周玉杰

　　中华文明上下五千年，其艺术瑰宝是我们引以为傲之物。被誉为"世界第一古代水文站"的白鹤梁题刻，位于涪陵城北江心。它不仅记录了一千两百多年以来的七十二个极枯水年份的水位，具有极高的水文价值；还具有非凡的历史、艺术价值，水下碑林。对我而言，白鹤梁则更像是一名见证者。

　　白鹤梁是中国书法、绘画艺术的见证者。当两河流域的苏美尔人创造的楔形文字逐渐消亡，当尼罗河流域古埃及人创造的象形文字逐渐湮灭在历史的尘埃中，白鹤梁见证了书法与文字的相伴相生。四大文明古国中，中华文明没有中断，中国的文字到今日依然充满着生机活力。白鹤梁题刻汇集了宋代以来的多派书法家遗墨。题刻字体隶、篆、楷、行、草皆备，书体风格颜、柳、欧、苏俱全。更有著名文学家、书法家"涪翁"黄庭坚所题的"元符庚辰涪翁来"，遒劲沧桑、潇洒自如。其中值得称道的楷书作品有《陈缜题记》《庞恭孙题记》，篆书作品有《徐庄等题名记》《周诩等题名记》《姚觐元等题记》，隶书作品有《娄樬题记》，当之无愧的"水下碑林"。

　　白鹤梁是古代科技与现代科技的见证者。一方面，古代先民出于对农业发展的需要，进行水文观测，总结出了"石鱼出水兆丰年"宝贵经验。白鹤梁凝聚着先辈的智慧，代表着古代的科学。另一方面，白鹤梁水下博物馆的运营，本身就是现代科学的体现。葛修润院士的"无压容器"方案，让"不可能"变成了现实。当我们进入几十米深的水下展厅，之所以无忧，是由于现代科学的力量。

　　白鹤梁是中华民族间交融的见证者。白鹤梁上唯一的少数民族文字，蒙文题刻"阿弥图土萨塔"告诉我们"生命的意义在于荣耀"。即便是在交通发达的现代社会，由内蒙古到涪陵也不容易，更何况是古时留下的见证。在跨越了幅员辽阔的中华大地之后，不同的文化终于在白鹤梁上相遇。他们相识、相知、相互融合，孕育了中华文明，亦在白鹤梁的江畔，孕育了开放包容的涪州文化。

　　白鹤梁是见证者，见证了长江水位的变动，见证了无数文人骚客的身影，见证了涪州历代的变迁，更见证了璀璨的中华文化在历史中留下的耀眼光芒。

依水而生　治水而存

重庆市涪陵第五中学校 高 2022 级 23 班◎彭　豪　指导教师◎周玉杰

在白鹤梁水下博物馆的第一个展厅,有许多关于水文观测的内容。其中,有古埃及尼罗河流域的水文观测;有古巴比伦的《吉尔伽美什史诗》和《汉穆拉比法典》关于水患的记载;在中国,类似的水文记录更是多不胜数,尤其是在长江流域,云阳、奉节、万州、巴南、丰都等地都保存着大量的枯水石刻。那么,为何人们要进行水文观测呢?为什么全世界都曾经做过这么一件相似的事情呢?

我认为其中一个原因是,水真的很重要。古代社会是农业社会,不管是在古代中国还是在古埃及或者古巴比伦,而农业的发展离不开水。人们常说"靠天吃饭",一方面是需要光照,另一方面就是需要水进行灌溉。除此之外,人们的生活也离不开水,每个人都必须喝水,否则可能会像沙漠中的人一样"脱水而亡"。

当然,还有一个非常重要的原因,水有时真的很危险。在古巴比伦的《吉尔伽美什史诗》和《汉穆拉比法典》中,我们能够看到几千年之前的关于水患的记载,洪水给人们造成了极大的灾害。在古代西方,有诺亚方舟的故事;在古代中国同样有"大禹治水"的壮举,诺亚和大禹,都是遭遇洪水后涌现的英雄。

尼罗河滋养了古埃及,古埃及被称之为"尼罗河文明";幼发拉底河和底格里斯河滋养了古巴比伦,古巴比伦被称为"两河文明";恒河滋养了古印度,古印度被称为"恒河文明";同样的道理,黄河滋养了古中国,古中国也被称为"黄河文明"。我们虽然生活在长江边,喝着长江水长大,但我们同样接受者中华文明的滋养，这也是我们为何会将黄河尊为"母亲河"的缘由之一。黄河时常泛滥，但它毕竟是我们的"母亲"，好好治理就行了，人与水的关系不正是如此么？

涪陵地区的先辈们，为了尽可能地保障农业的发展，在石梁上标记水位。这个行为持续了一千二百多年，这是一个壮举！对于古人做出的成绩，今人也在不断地向古人看齐、并努力超越。其中，三峡工程就是其中的一个典范，发电、养殖、航运、旅游，相得益彰。依水而生，治水而存，相信在现代科技的加持之下，一定能够更理性、更科学地使用水资源。

新航路开辟对中国的影响及启示

重庆市涪陵第五中学校 高 2021 级 25 班◎游栎鸥　指导教师◎刘开勇

公元 15 至 16 世纪，西欧国家主导的新航路的开辟使人类文明出现了重大转折。西欧国家为满足自身发展商品经济，资本主义萌芽的需要，在全球范围内开辟商路、建立贸易联系、进行殖民扩张。全球联系初步建立，人类文明告别了孤立发展的历史阶段，世界开始联系成一个整体。

中国是人类文明大家庭的重要一员，新航路的开辟自然对其产生了深刻的影响。

首先，从政治上，新航路开辟以后，西方殖民者在中国沿海地区活动日益频繁，他们在要求扩大对华贸易的同时，也侵占了中国的部分领土，例如 16 世纪中期，葡萄牙人对于澳门的租占以及明末清初，西班牙和荷兰在台湾地区的争夺等。这加剧了中国的海防危机。

其次，从经济上，新航路开辟以后，中外经贸联系愈发密切。一方面，以玉米、甘薯为代表的高产农作物传入中国，并得以推广种植，这极大地提高了农业产出，改变了中国人的饮食结构，促进了中国人口的快速增长；以辣椒、甘蔗为代表的经济作物也随之传入中国，也得到了推广种植，这导致了农产品商业化进程的加快，有利于当时商品经济的发展。另一方面，随着以茶叶、丝绸、瓷器为代表的中国商品畅销海外，为中国换回了大量的原产于美洲和日本的白银，以至于明中叶以后，白银成为中国社会的主要货币，得以广泛流通。白银因其自身价值大、便于保存等优势，促进了明清时期长途和大额贸易的发展，也有利于商业资本的集聚，从而从整体上促进了中国社会商业的发展。

最后，从思想文化上，新航路开辟之后，中外文化交流也日益频繁密切。出现了"西学东渐"和"中学西渐"的浪潮。以利玛窦为代表的西方传教士来华，在传播天主教的同时，也在一定程度上充当了中外文化交流的使者。在传播西学方面，他们与中国一些开明的士大夫合作，传播西方的思想文化，尤其是科学技术知识，例如《几何原本》中译版的刊行、《坤舆万国全图》的绘制等。这些西方科学知识对当时中国知识分子产生了一定的影响，于明清之际编著的《农政全书》《天工开物》等科技著作中对西方科技都有或多或少的记载。这些知识的传播有利于开拓当时国人的视野，对传统的知识体系形成了一定程度上的冲击。在译介中学方面，这些传教士用西方文字翻译了儒家经典"四书""五经"，并将其带回西方。以伏尔泰为代表的多位启蒙思想家都从中华经典中汲取了智慧，对推动欧洲的社会变革起了积极作用。

但就在西方在全球范围内开疆拓土的同时，清朝在对外事务上却逐渐趋于保守、封闭，相继实行了海禁和闭关锁国政策，这些闭关自守的政策，严重阻碍了中外正常交流以及中国资本主义萌芽的发展，妨害了中国面向近代化的社会转型，为日后中国难敌近代工业资本入侵，逐渐沦为半殖民地半封建社会埋下祸根。

总体而言，新航路的开辟扩大了中外贸易规模，从而从多个方面对中国社会产生了重大影响，一定程度上推动了整个社会的向前发展。但却碍于自身日趋僵化的封建君主专制体制、小农经济占主导的经济结构、相对保守的社会文化氛围等因素，中国为借此机会实现面向近代化的社会转型，逐渐沦为了新航路开辟以后渐渐形成的资本主义世界市场的主要受害人和牺牲品。

"以史为镜，可以知兴替"，在回首这段人类敢于探索未知的历史时，更觉保持开放心态，拥有全球视野，积极融入全球发展的重要性。

立足当下，当今中国正面临百年未有之大变局。随着经济全球化的深入发展，世界各国的相互联系也更加密切，但"逆全球化"思维也顺之抬头，个别国家奉行单边主义、贸易保护主义政策，以邻为壑，严重阻碍了国际正常经贸秩序，妨害了全球化进程；随着世界多极化得深入发展，国际力量对比组合也出现了深刻变化，爱好和平、维护人类共同利益的国家日渐增多，有利于世界的和平与发展。面对波诡云谲的国际形势，中国始终心怀开放包容的心态，秉持共商共建共享的原则，奉行独立自主的和平外交政策，以负责任的姿态参与全球治理。我们的"一带一路"倡议得到了沿线各国的热切赞同与积极响应，增添了共同发展的新动力；我们推动构建人类命运共同体，为世界和平与发展提供中国方案，发出中国声音，贡献中国智慧。

展望未来，历史经验告诉我们，开放包容使国家富强，闭关自守使国家落后。当代中国争议前所未有的开放心态走向世界大舞台的中心，相信祖国的明天会更加美好！

百年云端翱翔梦

重庆市实验中学校 高 2022 级 9 班◎徐明玥　指导教师◎曹　阳

从 C919 民航飞机的成功研制到各类军用机的不断更迭换代，我国航天事业已经有了巨大发展。而中国的百年云端翱翔梦，是在一个艰难的环境下，由一个年轻人点亮的。

清光绪十年，在广东的一个贫农家庭里发出了第一声婴儿的号哭，中国首位飞机设计师，中国航空之父，冯如出生了。在他的生活中，"混乱""艰难"频频出现。志存高远的冯如便在 12 岁时去往美国学习技术用以救国。他下定决心，发誓为国家研制成飞机，"苟无成，毋宁死！"缺乏资金，没有技术，外界质疑都没有动摇他。终于，在 1909 年他制造，试飞成功，并创造了当时世界的最好试飞成绩。此后他仍热心于飞行事业，在辛亥革命后，任军政府陆军飞机队飞机长。这样一位飞行师，却在 1912 年 8 月 25 日飞行表演时，因飞机失事而死，那年冯如年仅 29 岁。

何淡如为他写下挽联："殉社会者则甚易，殉工艺者则尤难，一霎坠飞机，青冢那堪埋伟士；论事之成固可嘉，论事之败亦可喜，千秋留实学，黄花又见泣秋风。"冯如身上有振兴中华的志向，科技报国的宏愿，自强进取的精神，坚忍不拔的毅力。这些在如今的航天从业者身上依旧延续着，传承着。

如今，中国航空事业的持续发展，无论对国家安全，还是对国民经济都有着重要的意义。航空工业从来都是一个不进则退的圈子，技术更新换代速度不断加快，各国技术垄断日益加强。自主创新，既是挑战，也是机会。其实，航空事业如此，中国的其他各项事业和领域也是如此。当今青少年，都应该先内在修养成"人"，再学习充实成"才"。中国发展离不开高新科技的发展，也离不开各行各业的坚实基础。中国飞向云端的是一架架飞机，更是无数人的努力和梦想。

距离中国航天事业的起步已过去了一百多年的时间。冯如在广州烈士墓长眠，守望着中国飞向更广阔的蓝天。

避免人生"经危" 理性消费

重庆市实验中学校 高 2022 级 9 班◎周彦竹　指导教师◎田苏川

当今时代,生活中处处都充满了诱惑。市场上不乏出现了花呗、信用卡、借呗等提前消费方式,不少人纷纷加入借贷的大军。

但有的人真的有能力偿还吗? 曾有网友表示:因为大幅度花费花呗的原因,导致还花呗难,不得不打起借呗的主意。于是从借呗里借钱还花呗,再从花呗里面借钱还借呗,反复如此地拆东墙补西墙!

超前消费的主要人群集中在大学生,由于大学生的经济来源很少,大多数没有挣钱的经历,有些也缺乏吃苦耐劳的精神,加上物价高、而资金少,超前消费现象就尤为突出。一些商家也瞄准这个群体,为大学生提供各类借贷、分期付款的平台,助推了他们的借贷行为。

在历史上就有过类似的事件发生。1929 年 10 月 24 日,随着美国纽约华尔街的股市崩溃,一场空前严重的经济大危机爆发了。虽然经济危机具有周期性,根本原因是资本主义制度的基本矛盾造成的,但这场危机的主要原因之一便是人们的超前消费。当时美国有种流行说法:"一美元首付,一美元月供。"人们通过借贷投资,购买土地,购买汽车……借贷似乎涵盖了人们生活的方方面面。或许他们抱着:"没关系,现在购买,等发了工资,股票涨了,自然就有钱还"的心理,越陷越深。这与今天个别人的非理性消费何等类似! 有的人花着大把的借贷资金,出入于高档酒店,购买奢侈名牌……"花明天的钱,圆今天的梦",不惜成为"负翁"。曾有报道:支付宝花呗的用户已经超过了 1 亿,并且借出去了 3000 亿,而其中绝大部分花呗用户都是 90 后! 90 后人均负债 12 万,虽然很多人是因为背负车贷、房贷,但是也有一部分人是因为长期"超前消费"，从而导致欠下了巨额债务！

知乎上有这样一句话："人往往会高估自己的意志力，低估自己的欲望"。看到琳琅满目的商品，面对种种的诱惑，很多人都会难以抑制，忘记了自己没有偿还的能力。

诚然，国民合理消费，有利于拉动内需，是生产发展的强大动力，受到国家的鼓励。而面对不必要的消费和借贷，我们务必保持理性。合理规划资金，避免自己陷入"经济危机"。当你有了"买买买"的冲动，请量力而行。

改革要尊重国情

重庆市实验中学 高 2020 级 1 班◎肖　锐　指导教师◎何　娟

　　1840 年，距离乾隆皇帝去世也才不过 41 年，此时的中国仿佛康乾盛世犹在，人们仍然沉浸在天朝上国的美梦之中。可是世界此时正发生着巨变，工业革命的开展，生产力有了飞速发展。英国一声炮响打破了中国天朝上国的美梦，从 1840 年到 1860 年间两次鸦片战争证明了这一古老的帝国无法依靠自身的传统经济和政治力量来击败西方工业文明，清朝的改革刻不容缓。

　　首先是以曾国藩、李鸿章等人为代表的洋务派继地主阶级抵抗派后，提出了"师夷长技以自强"的口号，主张大力学习西方技术。洋务运动仿佛使人们看到这古老的国家在机器推动下再次强大。但我们须知，洋务运动的领导群体对更改清朝政治制度、道德礼仪闭口不谈，中体西用。可是最终，北洋水师全军覆没、甲午战争惨痛失败使人们明白了政治制度对国家强大的重要性。一些进步知识分子开始追求西方政治制度，主张君主立宪，但守旧势力异常强大，只依靠无实权的皇帝，最终在慈禧太后镇压下，宣告失败。

　　辛亥革命之后清政府土崩瓦解，1912 年 2 月 12 日清帝退位，清朝灭亡。革命派寄希望于袁世凯遵循民主原则，维护共和统治。可事实证明，袁世凯背离了革命方向，走上了复辟帝制的道路，并且在袁世凯死后军阀割据混战，中国再一次陷入困境。

　　五四运动，人们开始反思新文化运动以来的文化自卑，马克思主义广泛传入中国，实事求是，具体问题具体分析，工人阶级登上历史舞台，中国革命有了新的发展方向。

中国近代史是一部改革的历史，我们在短短一百年内经历了器物、政治制度、思想等数次大规模改革，但事实上，中国近代数次改革虽然在一定程度上使中国进步，但是仍然无法救中国人民于水深火热之中。1921年中国共产党成立，在马克思主义的指导下，从中国实际出发，走出了中国特色的革命之路，最终使中华民族实现了民族独立。

现在我们已处于中华民族伟大复兴的关键阶段，历史告诉我们，在改革开放中，我们要顺应历史潮流，遵循本国国情，这样才能使中国更加强大。

开拓之帝　成祖朱棣

重庆市实验中学 高 2022 级 13 班◎赵小楠　指导教师◎谭　勇

　　朱棣在位 22 年，每天勤勉工作，心怀天下。他迁都北京，稳定了时局；浚通大运河，构建了皇朝的生命线；设内阁，加强统治力量；先后五次远征蒙古，最后死于北征回师途中的榆木川。除此外，他在文化和对外关系上也颇有建树。

一、文化上编修《永乐大典》

　　"靖难之役"之后，朱棣继承大统，改年号为永乐，但他内心始终被阴霾所笼罩，世人对他的争议主要来自他的皇位是否合理。当时有名望的官员齐泰、黄子澄、方孝孺等人也屡次给他压力，让他难以释怀。所以他的目光穿越了阴霾，看到了一丝阳光——想要稳定统治秩序，必须要拉拢知识分子阶层，才能让天下人服气，于是他决定号召文人修纂一部前所未有、包罗万象的"百科全书"——《永乐大典》。

　　《永乐大典》促成了后来《四库全书》的编纂，开创了中国史上修书的一大纪录，至今无法打破，它保留了历史上许多典籍，为后世提供了研究资料，同时也稳固了政权，一举两得，可见朱棣眼界开阔、深谋远虑、思维全面严谨，不愧为一国之君。

二、对外传播和平

　　为了寻找不知所踪的建文帝也好，为了宣扬国威而与其他国家友好交流也罢，朱棣派郑和七下西洋这一壮举，在世界历史上留下了浓墨重彩的一笔。郑和下西洋代表了人类探索海洋的热情与决心，把华夏的文明富饶带向世界，把明朝的繁荣和昌盛带出国门，把中华优秀的文化和儒家的理念传播出去，船队传播和平，与新航路开辟的征服与掠夺形成鲜明对比。

"人需立志，志立则功就，天下古今之人，未有无志而建功"，这铮铮誓言来自明成祖朱棣。有志向，有胸怀，才能有成就。"青年有梦想，民族有希望。"作为新时代的青年，我们要心中有梦想，脚下有方向，这样才能为中华民族伟大复兴助力，在未来遇到更好的自己。

琵琶下的和平之音

重庆市实验中学校高 2022 级 13 班◎张灵鲜　指导教师◎曹　阳

　　她身着鲜红的斗篷，双手抱着一把琵琶，身后白茫茫一片雪，似是忧愁又怀念地望向远方。她就是王昭君，汉匈两族和平的使者。

　　汉朝的和亲历史，始于汉高祖耻辱的白登之战后，是汉朝谋求和平的一种手段。"据《汉书》记载，竟宁元年，单于入朝，自言愿婿汉氏以自亲，元帝以后宫良家子王樯字昭君赐予单于。"可见，此时匈奴想依靠和亲来稳固与汉朝的关系。但《汉书》中，对于王昭君是一笔带过，几乎没有过多着墨。相比起来，《后汉书》中对王昭君的描写就更为丰富了，其中记载到"昭君入宫数岁，不得见御，积悲怨，乃请掖庭令求行……昭君丰容靓饰，光明汉宫，顾景裴回，竦动左右。帝见大惊，意欲留之，而难于失信，遂与匈奴。"《后汉书》中的记载显然更富有文学性和戏剧性，也为王昭君增添了不少神秘和传奇色彩。

　　李白所作的《王昭君二首》营造出昭君出塞时悲凉的氛围，描绘了一幅月下孤独远离的暗淡图画，着重突出了昭君的憔悴与悲惨。杜甫的《咏怀古迹》更是借王昭君之悲、之怨，来抒发自身遭遇的苦闷。历史学家翦伯赞所作的《题昭君墓》中，则大力赞扬了王昭君，说她"如何一曲琵琶好，鸣镝无声五十年"。王安石的《明妃曲》则不同于这两种极"悲"或是极"赞"的感情，它生动刻画了王昭君矛盾的心理，既突出了她命运多舛，又极高赞扬了她为民族大义而牺牲的精神。一句"君不见咫尺长门闭阿娇，人生失意无南北"大胆地做出了一种设想——若留在宫中，最后怕也是落得阿娇那般下场。女性不能决定自己的命运，是多么悲惨的一件事情。

不论王昭君的形象在两千年里经历了多少打磨与雕琢，基调始终不变。若没有她的自愿和亲，没有她听闻汉成帝"从胡俗"的命令，便毅然接受匈奴习俗的决心，可能就没有她带来的半世纪的汉匈和平，王昭君这个名字也不会流芳百世。如今，王昭君并不只代表一位女性，更象征着奉献精神与家国情怀。她的琵琶下并不只有断肠之曲，更有缓缓流淌的和平之音，浸润了历史的土壤。

小议五四运动之"新"

重庆市实验中学校 高 2022 级 13 班◎陈怡名　指导教师◎高加红

五四运动，是中国历史上彪炳史册的丰碑之一。一百多年来，五四精神指引着一代又一代中华儿女，为民族的解放和复兴前赴后继、勇往直前。沧海桑田，五四精神依然历久弥新，主要是因为五四运动开创了中国近代史上的几个"新"。

一、背景之"新"

五四运动发生在 1919 年，历经辛亥革命和新文化运动的洗礼，"民主共和"的观念逐渐深入人心；"一战"期间，列强暂时放松了对华侵略，中国民族资产阶级和无产阶级因此发展壮大，为五四运动奠定了广泛的群众基础。1917 年十月革命的胜利，推动了国际共运和各国民族解放运动的高涨，也为五四运动后马克思主义在中国的广泛传播提供了条件；而中国在巴黎和会上外交的失败，使压抑已久的中国民众彻底愤怒，进而爆发了从北京到全国的爱国反帝运动。

二、思想之"新"

自鸦片战争以来，地主阶级的洋务运动和资产阶级的维新变法先后失败。20 世纪初，孙中山的三民主义奠定了旧民主主义革命的思想基础，但辛亥革命也以失败告终。五四运动带着对新文化运动所倡导的民主科学的进一步发展，促进了马克思主义的传播，中国人民在近代化的道路上看到了新的曙光，马克思主义在中国由分散传播走向聚合传播、由局部传播转向整体传播、由小众学说转向主导理论，中国人民通过五四运动获得了新的思想，也为中国近代化积蓄了新的力量。

三、觉悟之"新"

五四运动之所以能成功，是其广泛的民众参与。将过去单一的某个阶级进行政治运动转变为多个阶级共同参与，这是中国从未有过的，而且工人阶级开始肩负起中国革命的领导任务。不仅如此，五四运动后，中国人民要求废除不平等条约、实现民族独立的潮流空前高涨；北京高等师范学校废除学监制，北京大学、南京高等师范等院校开始破例招收女生等。

五四运动是一场伟大的反帝爱国运动，它发生在世纪之交，李大钊等先进的知识分子以民族的解放为己任，毅然投身到轰轰烈烈的革命洪流中。而今，作为新时代的中学生，我们不仅要学习他们的爱国主义精神，更应将这种精神转化为学习动力，为中华之崛起而努力！